求职

1500次场景再现，找工作不·难

唐日新　著

简单

电子工业出版社·

Publishing House of Electronics Industry

北京·BEIJING

图书在版编目（CIP）数据

求职简单：1500次场景再现，找工作不难 / 唐日新著 .-- 北京：电子工业出版社，2024.5

ISBN 978-7-121-47276-3

Ⅰ . ①求… Ⅱ . ①唐… Ⅲ . ①职业选择 Ⅳ . ① C913.2

中国国家版本馆 CIP 数据核字（2024）第 037050 号

责任编辑：张振宇
印　　刷：天津千鹤文化传播有限公司
装　　订：天津千鹤文化传播有限公司
出版发行：电子工业出版社
　　　　　北京市海淀区万寿路 173 信箱　　邮编：100036
开　　本：880×1230　1/32　　印张：8.75　　字数：218 千字
版　　次：2024 年 5 月第 1 版
印　　次：2024 年 5 月第 1 次印刷
定　　价：66.00 元

凡所购买电子工业出版社图书有缺损问题，请向购买书店调换。若书店售缺，请与本社发行部联系，联系及邮购电话：（010）88254888，88258888。

质量投诉请发邮件至 zlts@phei.com.cn，盗版侵权举报请发邮件至 dbqq@phei.com.cn。

本书咨询联系方式：（010）88254210，influence@phei.com.cn，微信号：yingxianglibook。

推荐序

王 超

亿邦动力 CEO/中国计算机学会副秘书长/《IT 经理世界》
杂志创办人

读完全书，里面提到的几十个面试场景真实而生动，"细思儿孔"的点评坦率而冷峻。细腻漂亮的文字带给我一种熟悉的惊奇：在我过去 30 年的工作经历中，面试过的人应该也不比唐总少，其中也不乏印象深刻的问答，而且我还曾经做过近 10 年的媒体总编，算是一个文字工作者，但从没想过把这些片段记录下来，成为可以给别人带来启发的故事。所以，读好朋友写的这本书，也是对这种错过的一种补偿，很过瘾。

作为企业的领导人，招募和选择人才是唐总的工作，但他还挖掘了工作之外的智识价值，不得不说这是匠心所在。就像一位富有情趣的厨师，面对一个西瓜，他不仅可以把瓜瓤做成美味的沙拉，还可以把瓜皮雕成一顶别致的瓜皮帽儿，讨人喜欢。

现代人都是组织化生存，个人的价值是被组织的规则定义的，而面试是加入组织的临门一脚。临门一脚踢得好不好，既取决于实力，也要有点儿独特的嗅觉和技巧。面试是有目的的沟通。表象是问答式的聊天，真相是对意图的探知和回应，本质是一种博弈。所以，要在面试这场智力游戏中成为赢家，你要会"聊天儿"，要让谈话能够继续，最好的聊天方式是善于做一个倾听者。同时要看你对对方意图的把握能力：判断候选人是不是高手的简单标准就是看他能否在你含糊不清的表达中仍然能够准确理解你的想法，甚至可以帮助你说清楚。能够愉快地"聊天儿"，也能准确地把握对方的意图，还需要做出正确的博弈选择：看破的未必都说破，契合对方的隐性的真实需求，才能达成自己的目的。唐总把面试的过程描述为"化装舞会"：既不摘掉面具，还要看清对方，就是对这种情形的生动比喻。失败的候选人要保持风度，必须学会掩饰自己的失望和自责，面带微笑对面试官说"非常感谢您的分享，让我学到很多"。但如果他读过一点儿存在主义哲学，这时脑子里一定会蹦出萨特那句名言：他人就是地狱。

1937年，罗纳德·哈里·科斯写了一篇著名的论文《企业的性质》，这篇论文让他在50多年后获得了诺贝尔经济学奖（如此之长的验证期似乎呼应了组织问题的模糊性，所以形成的理论很难短期令人信服）。这篇开创性的文章提出组织是为完成任务、达成目标而设置的一台机器，它的规模和边界取决于内部管理成本与外部交易费用之间的平衡。

人是组织达成目标的资源和工具，这被认为是现代社会对人的异化，"君子不器"只是遥远的传说，企业组织甚至超越了民族文化差异而具有自身的特性：全世界所有的企业都希望构建一个高效、团结，富有进取心和战斗力，同时低成本的团队，形成与战略相适配的组织能力，在激烈的市场竞争中获得胜利。从组织管理的视角来看，就是要找到合适的人，对应的管理动作就是招聘和培训；然后要让这些人有积极的工作态度，对应的管理动作就是绩效考核和组织文化建设；还要有合理的组织结构和业务流程，确保有能力，也有意愿的人工作顺畅。而如果组织出现了问题，如何进行反思改进呢？我的经验是首先应该思考目标和流程，再看态度，最后看能力。因为对现有的人来说，提高能力是比较难的，而且很多基础能力和个性品质是很难通过培训来改进的。这也从另一个侧面反应了招聘的重要性。"招对人"至关重要，所以面试官责任重大。

管理问题应该从人类文明诞生就存在，但把管理作为一门学问的时间并不长。从弗雷德里克·温斯洛·泰勒的科学管理，乔治·埃尔顿·梅奥注意到人的社会属性，到法约尔引入组织职能和结构的概念，后经彼得·德鲁克等管理思想家添砖加瓦，成为一门与兵书战策类似的"实践科学"。但大多数管理者对读这些管理理论兴趣不大，更喜欢从故事中获得启发和灵感。因为真实世界的组织千姿百态，抽象的概括过于骨感，"存在远远先于本质"，说职场是一个江湖也有几分道理。

组织中的人都是"政治动物"，既有角色和职位的"规定性"，同时也是有七情六欲、认知偏见的"经济人""社会人"。所以，组织中总有各种缺陷和解决不完的问题。唐总所在的互联网企业一直是中国市场化程度较高、治理结构先进、"灰色地带"和行业规则相对较少、管理透明度较高的领域。所以，它表现出的问题基本是组织中可以放到桌面讨论的，不太"厚黑"的问题。比如，在层级组织中普遍存在"高原反应"：即如果把升职作为业绩完成者的奖赏，那么时间稍长，就会发现很多岗位都被不那么称职的人占据。再比如绩效考核：任何考核指标都是偏颇的，过于强调 KPI 就像"应试教育"，把组织引向僵化甚至歧途（有研究认为正是过度的 KPI 考核使索尼丧失了创新的活力）。为了修正 KPI 考核的缺陷，以谷歌为代表的高科技企业引入 OKR 管理思想，但 OKR 对员工的基本素质要求、协同工作的系统环境及与之相适应的组织文化建设要求都很高，大多数企业会感到心有余而力不足。组织中的个人也从来都不是一个个"原子"，都处在某个由老同事、同学、校友、同乡等形成的各种社会网络之中，这些网络就像无处不在的幽灵，左右着组织的行为。组织的种种不完美令理想主义者感到不适甚至失望，也有善于利用组织缺陷者，其未必工作最勤奋，能力最突出，但可以活得如鱼得水。所以，有智慧的领导人每过一段时间（最长 1 年）就要审视反思：什么人走了，什么人留下来了？如果去留的状况不符合自己的预期，就说明组织行为存在问题，需要对规则进行修正。

但这些问题都没有一劳永逸的"灵丹妙药"，只能像定时打扫卫生一样，不断对藏污纳垢的地方进行清理，以保持组织的健康和活力。

从文体上来说，唐总的这部作品属于"非虚构写作"，它的力量和魅力在于真实，但这种真实并非建立在"实录"的基础上，而在于对事实的选择、裁剪和组合。我起初惊讶于他这个非专业写作者对素材的选择，特别是对细节的取舍和拿捏如此得当，富有韵味，但一想到他是学数学的，头脑中当然有一把"奥卡姆的剃刀"，就心领神会了。

序　言
暗战江湖

个体人格在组织中的表现和在生活中的表现有着巨大的差异，我无法判定到底是哪种人格代表了"活着"的定义。

——题记

1. 一切都缘起于最近 3 年的 1500 场"面试"，这简直就是一次事先张扬的"田野调查"

"面试"对于个体来说无须解释，但"面试"作为带有某种压力的社会活动好像就没那么清晰了。这是一种人们身不由己必须加入的社会活动，是一种超越了个体主观意愿的外在安排。但同时我们也得说，这种外在安排不是天上掉下来的，而是许许多多个体共同作用的结果。

最近 3 年我面试了 1500 人。想想看，一个人把人生的酸甜苦辣浓缩到一两个小时内向你倾诉，这是何等殊胜的感受，而我竟然荣幸地享受了 1500 次。对于候选人来说，每一次面试都像一场演出，把自己最完美的一面奋力展现，争取一个最好的战果。对于我来说，每次面试都是一次缘起，在候选人的激情与火花之中，勾勒对方的画像，感受对方的深情。在20多年的职业生涯中，我曾经任职过不少岗位，世界500强企业高管、民营企业 CXO（首席体验官）、初创企业创始人等，即便如此我依然没办法提供一个所谓绝对正确的面试模型，因为这世界本就没有什么是绝对正确的。受限于工作岗位和候选人的实际情况，1500次缘起的面试，留下了不止1500个伤心的理由。诚如查理·芒格所言："我没有办法告诉你什么是好的，我只能告诉你规避哪些东西。"

聆听他人的故事是一种了解人生百态的方式，窥视他人的不同际遇、发现他人的真实面目，能让人萌生悲悯、忧思甚至些许惊悚般的快感。一句话，我对于作为个体的人的处境、人的选择，更有迷之兴趣。也许，我们只有真正了解了人的处境、理解了人的选择，才能真正了解社会、理解时代。为了感受宏观最好沉迷于琐碎，一方面是因为生活本身就如此琐碎，另一方面在于琐碎里面藏着真实的社会。所以我斗胆地说，从个体生活看到的社会更加有韵味。作为一个中年大叔，我经常会被问到一些职场问题，诸如"怎么能进入互联网公司"，或者"如何选择合伙人"之类，每每面对这样的问题我都困意满满。因为我知道那些问题不会有答案，或者说可以有很多种答案——没有答案与有很多种答案往往是一回事，都意味着这些答案实际上取决于谁在问和谁在听。

　　作为一名无症状社交恐惧症患者，在面对陌生人时还要推心置腹、曲径通幽、彼此较量，想想就汗流浃背。但是，世事难料，在多年的职业生涯中，面试成了我无论如何都逃不过的暗战。企业的发展需要注入新鲜血液，无论是在外资企业做管理者还是在民营企业做创始人，面试新人都是我日常最重要的工作。组织的迭代创新也需要人才的不断优化，与员工的面谈、甄别高潜、辅导后进更是必不可少的环节。尤其是近些年，20岁工作、40岁失业、60岁退休……已经成为莫比乌斯之环，高质量的面试成为不可或缺的一部分。物理学家安德森曾说："如果我们知道了两三个粒子的规律，并不能说明1020个粒子的集体规律。在每一个更复杂的层次上，会有完全新的性质出现。"基于此我必须声明：职业发展是一个复杂问题，不可能有人掌握或垄断对这个问题的判定和解答，但这不妨碍我们以一种相对陌生的视角，审视这些既滋养又透支的苦乐人生，打开看待问题的各种可能性。

　　本想用"花满楼"这个笔名来出版本书，毕竟原音重现了很多真实事件，绝大多数又是失败或负面的场景，所以我既害怕被人"追杀"，内心又颇有负罪感。花满楼，古龙笔下《陆小凤传奇》中的人物，武功卓绝，从不滥杀无辜，独居一座小楼，尤爱花草。但是，他自幼失明。其实我想表达的是，盲眼剑客能更好地观察世间事，更别说区区"面试"了，用心中之剑，温柔地剥开躯壳才能感受最真实的彼此。所以，既然是为了感受最真实的彼此，那我何不以真名示人。

当然，从心灵鸡汤的角度来讲，我们完全可以强调面试失败不是候选人失败，而是双向选择不合适的结果。我承认其中有极少部分属于彼此三观不合，还有一小部分属于在面试中被"误杀"淘汰，但是90%的面试失败，都与候选人本人有关系。重复的废话在现实面前毫无意义，失败是在绝对意义上失去了机会，至少是在那个特定战场失败了，你没有获得当前的岗位，职业上升的道路大概率就会放缓，生活际遇的改善就会推迟，"如人饮水，冷暖自知"。当然，经历失败并不可怕，谁没经历过失败呢？直面失败、直面真实的世界才是正念。在这1500次狭路相逢的邂逅中，由于90%以上的候选人的年龄在30～45岁之间，基本都是有工作经验的，因此所谓"面试技巧"在这1500次面试中的作用微乎其微，绝大多数面试官展现的问题就是生活和工作中的真实问题。工作选择的随意性、学历的硬伤、性格上的过度软弱或过度自负，以及在不甘于现状的情况下，缺乏周密考虑的辞职冲动都是这些候选人在职业生涯中暴露出的重大问题，也是造成其职业发展陷入僵局甚至被裁员的主要原因。当然，雇主的问题也会如万花筒般层出不穷，比较常见的就是……对了，不能剧透，答案在本书找。

2. "面试"本应是某种认知交战，却是通过"凝视"的方式来实现的

在拉丁语中，"人"的本义是"面具"。穿透面具，赋予面具背后的客体形态和轮廓是面试的重要目的。社交媒体和个性化推荐引擎在网络上建立起一个消除了"外界"的空间，在这里人们只能遇见自己及同类，在不知不觉中人们摧毁了公共领域，自我催眠在自己的舒适区中，直到被叫醒去面对陌生人的全方位打量。

现代社会无论地理位置上靠得多近，人们的心灵距离却都不见缩短，在失去了遥远和切近的感受后，人们强化了对于"演出"的追求。面试的双方狭路相逢，在同一个舞台起舞，通过相互之间的回应，构建起彼此或趋同或存异的认同体系。这一过程中的沟通是连续不断的，面试官的提问是一套组合的方式，候选人的回应也必须是成体系的；面试官对于候选人的选择一定是经过深思熟虑的，或者至少是"货比三家"的，候选人的回应也必须逻辑缜密，经得起推敲，且能够彰显自己最好的一面。当然，有人会说"自己不在乎那些形式，只要自己能力强，就自然能把握住好机会"。我同意"能力强选择余地大"的说法，但是在同等条件下，赢得每一次面试，把拒绝的机会留给自己是不是更好？赢得每一场你参加的比赛，

这是一个低碳环保的好习惯，很平淡，很安宁，但是需要实力，也需要技巧，更需要认知。候选人着力展现着虚幻的世界，有成功的喜悦，也有痛苦的经历。面试官不断地切换视角，或感同身受或冷眼旁观，跟随候选人同步感受情绪和身体反应，但又不会像当事人一样在心理和生理上有同步的波动，就像看视频回放，把注意力放在"听到的言辞"和"观察到的行动"上，而非情绪化地猜测他人"真实"的想法和感受，最大限度地甚至比当事人更接近最理性、最真实的本来面目。

马基雅维利曾经警告过，实际情况下的世界可能非常混乱、危险。首先，因为追求自己利益的个人和团体深深地影响了这个世界，这些人有时候笨拙，有时候带着历经磨炼的策略和技巧。在这个世界上，他们为自己并只为自己而战，这样的人是危险的，因为他们知道这个世界里游戏的规则。其次，还有另外一些人，他们也在追求自己的利益，但是他们的方法是没有远见的、笨拙的、没有效率的。最后，还有一些人多多少少有着完美的性格并会试图做正确的、理智的事情。所有这些类型的人就在我们身边，他们不断地行动、反应、竞争、操控并施展计谋。这就是世界真实的样子，在工作中或组织中也会时常呈现，千次面试更是这些场景的浓缩。

面试不是一次单纯的会面，决定成败的也并非某种技巧或回应。你在面试中的一颦一笑、衣着的颜色、进门出门先迈右脚，哪所学校毕业的，师兄、师姐都有谁，甚至喜欢哪个球队，都在偶然当中决定了你面试的成败，这不是一次世外桃源的游玩。所以，这里只能是一个江湖，有原则、没规则的丛林，很冷血也有温情的江湖。无数次午夜梦回，我终于下定决心，不再孤单地凝视这一切。

3. 我们有足够的思考，却忽略了感受

据说在交响乐团面试中有个环节叫"盲眼选拔"，是用来测试候选人个人水平的一种有趣的方法。"盲眼选拔"这一环节是让候选人在一个屏风后面进行试演，目的是使面试官关注对岗位来说最重要的因素：候选人演奏乐器的水平到底如何。在使用这种方法时，面试官不会因受候选人的外貌、种族、性别等因素的影响而分心。而绝大多数的职场面试，都是面对面的交流，通过彼此的打量和交互，构建一种微妙的气场，产生相互影响的化学反应，看似是全息的吸收，实则只是结构化的套路。我更欣赏自然界这种盲目的力量自发流动，人类的世界一切都有目的性，选择和塑造都朝着一个特定的方向。就像真实世界的钟表匠，心中有眼，按照未来的目的来设计齿轮与发条，规划它们之间的联系。适应和变异是生命的两大特色，人才的选育用留在不同时代、不同环境也不尽相同。在面试这个重要的环节里，千百次碰撞之后，我更愿意闭上眼睛去感知候选人的无声告白，其实我也是一个盲眼钟表匠，只不过我无法

在特定的环境下完全抛弃目的。

由于引述的案例都是真实案例，为了表示对当事人的尊重，我和编辑进行了大量脱敏，涉及具体时间、地点、事件的信息也做了调整，即使你找到自己或同事、朋友的影子，我也可以很没有信心地说：本故事纯属虚构，如有雷同纯属巧合。

卡夫卡曾写道：一部伟大的作品应该像一把斧子，可以劈开人们内心冰封的海洋。本书显然不是这样的作品，最多只能算是对"成功"的一种矫揉造作般的挑逗。其实一个人是不可能真正体会到其他人的痛苦或快乐的。至少从生理上来讲，看他人的面试经历就像看一部微电影，最多只能给观影者带来内分泌的变化。大卫·福斯特·华莱士曾经在他的小说中写道："我想很大一部分严肃小说的目的是，给那些像我们一样被自己的思想禁锢在原地的读者以富有想象力的方法来走近他人。痛苦是人生不可避免的组成部分，人生在世不可避免地遭受苦难，而痛苦的经历则成为人类所追求的艺术的组成部分。它一定是一种间接的经历，更像一种泛化的痛苦。这有意义吗？我们在现实世界中都忍受着孤独，真正的同情是不可能的。但如果一部小说能让我们想象出角色的痛苦，我们随后可能会更容易想象并认同其他人的观点。这是丰富内心、救赎灵魂的方式。我们因此变得不那么孤单。它可能就是这么简单。"

　　这段话给了我全部的借口去呈现这千人千面的经历，毕竟这是一部"群戏"、一部烟火人间掠影、一本混沌江湖小说，那就不必太较真儿。好吧，"鸡声茅店月，人迹板桥霜"，山高路远、雪雨风尘，最佳的体验方式就是参与其中，我们江湖事江湖见！

作　者

目录

CONTENTS

楔子一
面试的传说与事实

面试就是候选人和面试官的化装舞会，既不能撕下面具又要看清彼此。

——题记

1. 关于面试官

（1）传说：面试官知道他们的公司想要挑选什么样的候选人。

事实：不是的，绝大多数面试官只具备技能画像而不具备心智画像，且那种具备技能画像的候选人根本不存在。

聪明、有上进心、社交技能娴熟、与公司文化契合的人谁都喜欢，但通过什么样的方式来理解、衡量这些因素，则取决于每位面试官自身的素质。很多大公司会用多轮交叉面试的方法来最大限度地杜绝奇点的发生，但这也容易选出平均水平相仿的候选人，而不是特点突出的候选人。尤其针对候选人心智画像的考察，这方面几乎没有系统的方法，面试官只能依靠自己对什么是优点、怎样最好地识别优点的理解进行面试，所以南辕北辙的事情有很多。有人说不是有结构化面试的方法吗？是的，没错，是有，但越是资深的面试官越不用这种方法，他们相信自己的直觉，为什么呢？答案在本书找。

（2）传说：面试官都很有素质，不会羞辱你。

事实：不一定，没有人会约一个素不相识的人聊一两个小时就是为了去羞辱他。但是在面试的过程当中被品头论足地审视，以及面试后给你一个低于预期的录取通知，从某种程度上来说你都会有一种羞辱感。一般情况你会遇到两种羞辱，一种是过程中的质疑，另一种是结果上的打压。面试毕竟是一场交战，过程中掌握不好分寸，擦枪走火是常有的事情。结果给你一个远低于预期的录取通知也是常有的事情，毕竟伯乐不是每一次都能发现一匹千里马，如果遇到类似事情，就当照了一次哈哈镜吧。

（3）传说：面试的问题都与业务相关，不会很刁钻。

事实：问你的问题，原则上有一半都是规定动作，还有一半是自选动作，所谓刁钻与否将取决于面试官的个人认知和修养。

很多成熟企业会对面试问题有基本的设计，也会要求面试官避开一些禁忌，但是对职能部门及相关交叉面试的人员，企业无法保证。比如问"下水道井盖为什么是圆形的"这类问题，我觉得就很无厘头，还不如问"为什么脑袋是圆形的"。

（4）传说：面试官不会有主观歧视。

事实：你想多了。

面试中的"歧视"无处不在，年龄、性别、地域、学历、爱好……是福不是祸，是祸躲不过，你自信点儿就好了。

（5）传说：给你面试机会说明面试官认为你有可能胜任这份工作。

事实：完全不是。

让你来面试并不代表面试官认为你能胜任这份工作。绝大多数面试，尤其是面向社会招聘的面试，面试官对候选人的简历研究是非常粗放的，浏览的次数不会超过两次。甚至对于你的简历当中存在的问题，面试官还没有判断清楚。同时，很多大企业对于面试还有一定的录取比例，比如三选一、五选一之类的，足够的数量是必需的。凑人数是普遍现象，某些企业把面试当成一项KPI，要考核要通晒的，某些大企业在每个星期面试密集的阶段，需要所谓的"通晒"，就是每个部门每周必须有面试人员，不能低于10人次或20人次，所以凑人数很正常。

（6）传说：面试官会一视同仁，并不会偏好某一类候选人。

事实：从来就没有过一视同仁，面试官永远是自觉或不自觉地找跟自己相似，或者跟自己预设画像相似的候选人。先有答案后写过程，往往是这样的。

（7）传说：有的面试官喜欢凭借第一印象来判断候选人，

而有的面试官则肯花时间对候选人进行深入研判。

　　事实：应该说绝大多数面试官在前5分钟对候选人的基本判断就形成了。当然这里的5分钟只是一个虚拟单位，不是绝对意义上的量化。但是第一印象会在面试官心中形成一个非常牢不可破的判断。如果面试时间是一个小时，那么可能前5分钟就是决定性的，后55分钟想扭转前5分钟的判断比登天还难。在面试早期形成的初始印象很难改变，而且会影响面试官对候选人在后续环节中的反应和行为的看法。咨询师夏洛特总结了这一现象："人们在面试开始不久就会形成对候选人的看法，并且最终影响他们对候选人所说的一切事情的看法。他们只是问一些问题来验证自己对候选人的看法是对的，而不是真正利用问题来考查、检测候选人的优缺点。"我们都活在两分钟内，第一分钟让他人注意你，第二分钟让他人记住你。你永远不会有第二次机会给他人留下一个好的第一印象。在那短短的几秒钟内，仅仅一眼，他人就可以判断出你的社会地位、经济水平、受教育程度甚至事业成就。几分钟之内，他们就可以判断出你的智力水平、信誉度、能力状况、友善度及自信心。尽管做出这些评价只在一瞬间，但它们可以持续数年，因为第一印象往往难以磨灭。为什么瞬间产生的印象能持续很久？经济学家约翰·肯尼思·加尔布雷思（John Kenneth Galbraith）提出了这样一种猜想，他表示："是改变对他人的看法，还是去证明这种改变没有必要，在这两种选择中，人们往往会选择后者。"

（8）传说：索要面试官的联系方式以便发感谢信。

事实：毫无意义。

如果面试官主动提出来，那就恭敬不如从命，但是候选人就不要主动索要面试官的联系方式了。我面试的候选人中有大约30%的人主动提出过加微信，我都同意了。从后来的情况来看，几乎没有联系过，所以索要面试官的联系方式完全没必要。我也有几次参加面试的情况，从来没有主动加过面试官的微信，只有一次例外，我"主动"加对方的微信，想不到后来对方还把我删除好友了。那次是约见一个世界500强企业的董事长和总裁。和董事长先生的交流非常愉快，因为在交流之初我就表明态度，外资企业在中国前途未卜，我只愿意来交个朋友互通有无，而不是来应聘求职。董事长先生十分理解，我们畅谈了对于中国未来业务的各种可能性，最后董事长先生主动提出互加微信保持联系。根据当时的流程，我还需要和总裁先生有个交流，于是再次约见了他。总裁先生非常客气，在一家五星级酒店和我共进了晚餐，我依然表明态度，此行只谈风月不谈风云，总裁先生表示理解。餐后道别的时候，我想和董事长都互加了微信，如果不加总裁的微信未免有厚此薄彼之嫌，于是"主动"加了总裁先生的微信。然而，就在我还在偶尔给董事长先生的朋友圈点赞的时候，总裁先生悄然地把我删除好友了，别问我是怎么知道的……

顺便说一下，至今我仍然和那位董事长先生保持联系，而那位总裁先生早已离职……嘿嘿……

有一个跟我合作了3年的人力资源专员，我们俗称"人力资源伙伴"。她在生活中是一个温柔、贤淑且略显呆萌的小姐姐，和朋友们私下相处交流表现得非常温婉也热心助人。在工作中，她则是刻板、呆滞的典型，从来不肯多想一点儿、多走一步，无论是对人还是对事，边界的扼守都近乎僵硬，甚至不通情理。有一次公司做新财年规划，各级部门都在申报新财年人力计划，因为我们部门需要的人才比例及画像与公司下发的标准范本略有出入，我的意思是需要和上级领导同步情况，争得上级领导的理解，最差也要让上级领导知道我们的意图。而这位小姐姐毫不留情地驳回了我的请求，要求严格按照公司的标准执行，我告诉她需要认真了解业务，以便做好人才适配，否则会浪费公司资源，且无法达成业务目标。而她坚硬得像一块石头，且毫无任何兴趣了解实际需求，只是强调坚决执行公司的框架要求。这与平时帮助朋友、带着小孩一起参与课后活动的知书达理形象完全不符。由此我也再次理解，组织把个体异化的程度远超我们的想象。

2. 关于猎头

（1）传说：猎头是职业发展规划师。

事实：你想多了，猎头的本质是销售。只有你才是自己的职业发展规划师，你自己发展好了，才会有猎头来挖你。

（2）传说：猎头就是倒卖人口的，不用搭理。

事实：也不能说得这么绝对，虽说都是实力为本，有猎头推荐也能增加就业机会，不用绝对排斥。

（3）传说：有猎头来挖一定是好事。

事实：不一定，因为还有两种可能。

①被"白嫖"。

有些无良企业为了了解竞争对手的情况会故意设置一些岗位，请猎头约见一些竞争对手的人过来面试，在面试过程中套取很多商业情报，人在面试的过程当中都喜欢尽力去彰显自己在行业或产业当中的能力和认知，所以呢，往往会在很短的时间内把自己毕生绝学全都展现出来，那么对于很多心术不正的企业来说，往往可以通过这个手段迅速采集信息。所以你也要留个心眼儿，如果对方只是关注这个市场的具体情况而不关注你的表现的话，那很大可能他就是通过你去了解情况的，而并不是对你感兴趣，这种情况是非常常见的。当然，在这种情况下猎头也是被动成为帮凶的。

②喜当分母。

这种情况也是在相对高端的一些岗位上才会出现的。猎头公司为一个岗位提供人才的时候，通常会提供一些所谓的分母来衬托他所推荐的那个天选之子。其实你也很难避免被当作分母，因为有些岗位你总是要尝试的。所以，我建议跟猎头要坦诚沟通清楚，即使只是一个分母，你也愿意全力配合。但是就不要假戏真做了，以免伤了你的感情和大家的和气。

3. 一些常见却无法说透的规则

（1）传说：位置和薪水可以放开谈。

事实：不可能的。

看似不设限可以放开来谈，这种情况多出现在一些成熟企业的创新部门及成长性企业，但事实上这种情况几乎是不存在的，虽然位置和薪水都会有一定的区间，但这个区间是不会很大的。从成熟企业的角度来讲，他们开出这个条件最主要的原因是在这个位置上可能有一定的弹性，他们只是不想把这个弹性说得太清楚。一来是怕如果弹性太大对候选人的打压会有问题，二来也是怕弹性太小容易吓跑一些所谓的高端候选人，但事实上这个变化是完全存在的。

对于成长型企业来说，这种情况特别普遍，最主要的原因是他们既没有办法去衡量好这个位置在自己企业里的分量，也没有办法去衡量最适合这个分量的人在整个市场当中的定位和定价。所以他们一方面觉得怕误伤了一些优秀的候选人，另一方面呢，也怕自己被一些鱼龙混杂的候选人坑了，最后他们就会开出一个模棱两可的报价。但事实上他们是想通过大量的候选人进行一个市场的比价，然后做出一个他们认为性价比最高的选择，所以不要被这种情况蒙住了眼睛。实力不行，没有溢价。

（2）传说：面试长时间没有反馈，基本就没有希望了。

事实：比如面试之后两个星期以上没有反馈，基本上可以认定没希望了，该干吗干吗就可以了，不必再等下去。很多教人面试的技巧中有一个建议，即面试完之后要写封邮件谢谢面试官，其实完全没有必要。在我过去的职业生涯当中我面试了1500人，没有遗漏任何一个我们想选择的候选人，一个都没有。如果拖了很长时间，那只有一种可能，就是你并不是最优的人选，他们在做比选，等待全部候选人都见完再做决策。

当然，有的公司流程冗长，中间会有很长的静默期或者说多轮面试这都是很正常的，最大的问题是很多公司在这个过程当中可能会发生一些变化，比如说岗位取消了等。这些是你没有办法去预见的，相信我，最合适的那个人是不会被遗漏的。如果长时间没人联系你，那也不必焦虑，该是你的就是你的，不是你的主动争取也没用。

（3）传说：自降身价便宜卖，这个方法管用。

事实：完全没用，不解释。

（4）传说：签了录取通知并不代表可以成功入职。

事实：是这样的。

很多公司在签了录取通知之后还有非常复杂的流程，比如背景调查，而且有的公司对背景调查是有红绿灯制度的，就是背景调查如果是红线，那么即使你的录取通知已经签了，但它依然是有可能被废掉的。所以保险起见，即使录取通知签了，在背景调查未通过的情况下，还是要保持清醒，至少不要先从所在公司辞职。我经历过几次这种候选人拿了录取通知之后立即与原东家翻了脸，结果在背景调查的过程当中没有通过的情况。

（5）传说：老板的承诺是可靠的。

事实：不可靠，别说是在面试的时候，即使在工作中很多承诺只要没有白纸黑字写清楚都不可靠。但很多时候并不是针对你的。据《职场中的信任与辜负》（*Trust and Betrayal in the Workplace*）一书的作者丹尼斯·雷纳（Dennis Reina）所言，85%的职场辜负都是无意为之。

（6）传说：面试最后，要问面试官几个问题。

事实：当然要问，在 ChatGPT（通用大模型）横行的时代，会问问题是核心竞争力之一。大家可以围绕但不限于如下方面来提问，第一，公司需要什么样的人才，期待对方能够发挥什么样的作用？第二，现在公司内评价最高的人是什么样的，他为什么能取得这样的成绩？第三，像自己一样通过社会招聘应聘的人当中，现在发展不错的都是来自哪些部门的，具体负责什么业务？

好吧，我必须承认这不是一本严谨的学术手册。但是，请稍等，通过窥视 1500 人的职场际遇，我竟然胆大包天地绘出了模糊的职业曲线，大约可分为启动、沉淀、爬坡、冲撞、突破、跨越、挫折、重塑、别离 9 个阶段，每个阶段都有真实案例与之对应。当然，这也是传说，事实是不必想太多，你上过再多的课，读过再多的书，都依然过不好生活，因为这些只让你熟悉了招式却不曾增长一分功力。不如跟随我走进这些真实的故事，体会这些温情脉脉、心有余悸，美得不可方物的别样人生。

细思几孔

面试官代表组织，主要彰显组织内人格，目标很明确——筛选；同时，个体人格多少会有所流露，所以站在候选人面前的面试官会是一个"人机同行"的综合体。

楔子二
什么样的人能够"入职"

从为我所用到唯我所用。

——题记

罗纳德·哈里·科斯的公司理论，对"适宜被雇用的人"的精确定义是：理想的适宜被雇用的员工，在公司内部的价值比其在公司外部的价值更高，他们自己也在雇主那里实现了比在劳动力市场更高的价值。

从研发、销售、售后到运营、秘书，从校园招聘到社会招聘，从一线员工到经理人、高级管理者，层层选拔背后的考量在于两个方面：能否为我所用，能否唯我所用。考察点主要关注候选人的两个模型：能力模型、关系模型。能力模型决定能否胜任，关系模型决定能否是"我"的人。

卫哲曾经说过阿里巴巴招人的特征是苦大仇深，奈飞文化中也有只招"成年人"的说法。诚如纳西姆·尼古拉斯·塔勒布在《非对称风险》中表达的观点，"系统是由你身边的人决定的，而不是由某种过度复杂的进化糟粕决定的"。我真实的体感既不是苦大仇深那样烟熏火燎，也不是"成年人"那样白雪阳春，实际上多数企业招人大体上有 4 个方面的考量，既不低俗也不高级，味如嚼蜡般无趣。这也深刻地印证，面试官在组织中的人格表现出的先天偏见。这 4 个方面是：经济适用、情绪稳定、又纯又欲、头脑清晰。

理解这 4 个方面需要有一个基本的假设：组织（企业）选拔和组织内的人（面试官）选拔有一致的地方也有根本区别的方面。组织对于人才选拔是基于绝对能力、文化适应性、成本、匹配度 4 个维度进行综合考虑的；而组织内的人对于人才选拔略有不同，首先是文化适应性，这里包含了面试官基于自身的"亚文化"考量，其次是匹配度、绝对能力，最后是成本。虽然考量的方面基本一致，但是顺序的改变决定了结果的不同。正是因为有这样的博弈，很多企业才把招聘面试设置成了五轮或六轮，寄希望于通过多轮不同人的面试筛查，磨平个人意志的尖角，遴选出最符合组织意志的候选人。这也算是向纳西姆·尼古拉斯·塔勒布的某种观点致敬吧。

1. 经济适用

对，就是经济适用房的那个经济适用，不是豪华阵容而是够用就好。

表面上，经济适用是指招聘的员工能力刚好匹配岗位要求，不要过于超前，也不要过于缺乏。因为一个人的能力超过了岗位要求，往往会因为找不到足够的挑战而失去动力；而一个人的能力不足，会造成工作成果不理想，从而影响整个团队的工作。因此，企业在招聘员工时，恰到好处的经济适用就很重要，确保招聘的员工能力恰好与岗位要求相匹配，这样才能够发挥最大的工作效能，提高团队的整体业绩。

　　从深层次角度来看，尤其在成熟企业的多轮面试中，必然筛选出一个相对中庸的候选人，我说的是相对中庸。

　　从组织角度来看，企业的目标是实现经济效益，招聘的目的是让员工为企业贡献力量。如果企业招聘的员工能力过于超前，他们可能会在工作中感到不满足，因为工作过于简单和乏味，难以提高技能水平，这会造成员工流失率高，同时也会浪费企业的资源和时间。因此，企业在招聘时考虑员工的能力水平是否符合岗位要求是合理的。

　　从人性角度来看，如果员工的能力超过岗位要求太多，可能会使其感到沮丧和挫败。

　　从经济角度来看，企业在招聘员工时，需要考虑员工的工资、福利和培训成本等因素。一方面，如果招聘的员工能力过于超前，他们可能需要更高的工资和福利待遇，这将增加企业的成本负担。另一方面，如果招聘的员工能力远低于岗位要求，可能会造成员工效率低下和错误率升高，这也会增加企业的成本负担。因此，企业需要根据岗位要求和员工的能力水平做出合理的选择，以确保企业在经济上的合理性。

从性价比角度来看，招聘的员工应该具有适当的能力水平，以便实现最佳性价比。如果招聘的员工能力超过岗位要求太多，他们可能会无法充分发挥自己的能力，从而造成企业无法获得更多的经济利益。另一方面，如果招聘的员工能力远低于岗位要求，他们可能需要更长的培训时间和更多的指导，这也会增加企业的成本负担。因此，企业需要找到适当的员工来满足岗位要求，以获得最佳的性价比。

我发现决策链越短的企业越容易组成豪华阵容，决策链越长越需要综合各方意见的企业越容易选出平庸团队。但是，豪华阵容容易内部瓦解，平庸团队容易裹足不前。

2015 年，我在第二次创业初期就拿到了大额融资，于是那个时候我们招人基本都是超配的，用公司内部的戏称，我们排名前 50 的工程师在其他公司都是 CTO（首席技术官）。这样的豪华配置，是服务于战略目的的，是囤积高技术人才为下一步融资铺路的，人才的高密度也拉高了公司的估值，连续实现了几轮融资，事实上实现了公司的战略目的。而那个时候的人才招聘基本就是几个实际控制人的简单决定。公司到了业务平稳发展的阶段，我又一次把招聘条件调整为经济适用，大幅降低公司的消耗。而从公司后来几年的发展中也清晰地看出，当年超配的豪华阵容人才流失很快，而经济适用型人才在公司走得更加长远。

所以，经济适用既是目标也是结果。

2. 情绪稳定

对，情绪稳定。这反映了一个潜在需求："风险共担"。

听说过"一起拼、一起赢"这类的口号吧，很多公司都以此为荣。但是为什么不是"一起输、一起赢"呢？因为输不起，从生物进化角度来看，输了意味着被淘汰，意味着死亡，这是大家无法接受的，所以需要大家共进退，至少在心理上共进退，共同承担被淘汰的风险。所以要的不是逆来顺受的"情绪稳定"，而是面对风险的时候不退缩，甚至主动分担。"风险共担"对群体的定义是：某空间内存在一种机制，即别人会以你对待他们的方式来对待你。

工作是生活的另一种方式，成功的工作活动是一种"人文艺术"。工作中时常面对困难、复杂的问题，个体所做出的回应深刻依赖于结果、义务、现实、组织价值规范及个体对生命中真正重要的东西长久的个人感知，具有基本的风险共担意识有助于我们长久地生存于这个不可预测、不完美的世界。

首先，因为人们在工作中可能要吃很多苦，情绪不稳定会成为定时炸弹，没有哪位面试官会招聘这样的员工，这等于在给自己找麻烦。其次，情绪稳定是指遇到问题能够平静地应对，不会出现极端情况，这是非常重要的。因为一个人的情绪稳定对于团队的和谐发展至关重要。一个情绪不稳定的人在遇到问题时很可能会出现冲动、激动或压力过大的情况，造成工作延误或质量下降。因此，我们在招聘员工时必须确保招聘的员工能够保持情绪稳定，即使在遇到困难的情况下也能够保持冷静和理智，从而保证工作顺利进行。

从组织角度来看，情绪稳定对企业的运营和绩效至关重要。员工在工作压力下情绪波动会很大，可能造成生产效率下降、工作质量下降、流失率上升等问题。因此，企业需要考虑在招聘、培训和管理方面采取措施来确保员工的情绪稳定。在招聘方面，企业可以对员工的性格特征、行为表现和经验背景等方面进行综合评估，以确定员工的情绪稳定性。此外，企业还可以借助一些心理测试工具来评估员工的情绪稳定性，如MBTI（职业性格测试）等。在培训方面，企业可以提供心理健康培训，以帮助员工掌握情绪管理技能和策略，学习如何在工作压力下保持情绪稳定。企业还可以提供良好的工作环境，鼓励员工互相支持和帮助，共同应对工作中的挑战和压力。从个人角度来看，情绪稳定性与个体的性格、心理健康、生活方式等因素密切相关。对于员工来说，他们可以通过自我评估和提高自我认知水平，了解自己的情绪稳定性，并有针对性地开展自我管理和情绪调节训练。从管理者角度来看，管理者应该了解员工的情绪状态，提供必要的支持和帮助，包括及时沟通、情绪管理指导和提供资源与支持等。管理者还可以通过激励措施、晋升机制等方式，激励员工发挥其潜力，并提供更多的成长机会，以增强员工的情绪稳定性。综上所述，企业招聘对员工的情绪稳定性要求很高，其深层次原因涉及组织、个人、管理者等多方面因素。只有在多方的共同努力下，才能保证企业的稳定运营和员工的健康发展。

员工情绪稳定对企业经济效益的影响是十分重要的，具体来说，影响有以下几点。

提高员工的工作效率和生产力：情绪稳定的员工更容易保持专注和高度的工作热情，能够更好地应对工作压力和挑战，从而提高员工的工作效率和生产力，为企业创造更多的经济价值。

降低员工流失率和招聘成本：员工情绪稳定的企业，员工更容易与组织产生共情和认同感，从而降低员工流失率。这不仅可以降低企业因员工离职而产生的招聘成本和培训成本，还可以提高员工的情绪稳定性和忠诚度。

提升企业品牌形象和声誉：情绪稳定的员工可以在工作中保持良好的态度和积极的心态，为企业树立良好的形象和声誉。这种良好的形象和声誉可以为企业带来更多的业务机会和市场优势，从而提高企业的经济效益。

降低企业的风险和成本：情绪稳定的员工可以在工作中更好地应对、处理压力和挑战，从而降低企业因员工犯错而产生的成本和风险。此外，员工情绪稳定也可以降低企业的法律风险和诉讼成本，提高企业的经济效益。

因此，员工情绪稳定对企业的经济效益具有重要的影响，企业应该积极采取措施来提高员工的情绪稳定性，为企业的健康发展和经济效益做出贡献。

3. 又纯又欲

纯：价值观正确；欲：有自驱力可以被激励。

企业希望招聘的员工具备自驱力的深层次原因，涉及组织、心理、经济效益和沟通协作等多个方面。

组织方面：企业需要员工在工作中能够主动承担责任，积极主动地解决问题，而不是只顾自己的工作，对于整个团队没有贡献。如果员工没有自驱力，可能会对企业的生产效率和团队合作造成不利影响。此外，员工的自驱力也能够帮助企业更好地应对市场变化和竞争压力，提升企业的创新能力和竞争力。

心理方面：自驱力也反映了员工的内在动机和价值观念。具有自驱力的员工通常更加具有自信和积极的心态，能够更好地应对工作中的挑战和困难，以及平衡工作与生活。这些因素都有助于员工的个人成长和职业发展，从而提高员工的工作效率。

经济效益方面：具有自驱力的员工通常能够更快速地适应新的工作环境和任务要求，更加高效地完成工作任务，从而提高企业的生产效率和经济效益。自驱力也能够促进员工的创新能力和团队协作能力，进一步提升企业的竞争力和市场地位。

沟通协作方面：自驱力还涉及员工的沟通和协作能力。具有自驱力的员工通常能够更好地理解企业的战略和目标，与同事、上级领导和客户建立更加紧密的联系和合作关系，共同推动企业的发展和进步。相反，缺乏自驱力的员工可能会对团队合作和沟通协作造成阻碍，影响团队的整体表现。

综上所述，企业需要雇用具有自驱力的员工，这不仅有助于提高企业的生产效率和经济效益，还有助于员工的个人成长和职业发展。同时，企业也需要通过提供激励机制、培训和发展计划等措施，鼓励员工自发地学习、成长和发展，进一步提高员工的自驱力和职业素质。

员工缺乏自驱力和激励会带来以下几个方面的负面影响。

降低生产效率和工作质量：如果员工缺乏自驱力和激励，他们可能会变得懒散，同时也不关心工作的质量和效率。这可能会造成生产效率降低，工作质量降低，从而影响企业的整体绩效和声誉。

影响员工满意度和流失率：员工缺乏自驱力和激励，可能会造成他们对工作的兴趣和热情减少，影响到他们的满意度和工作投入度。如果员工感到缺乏挑战性和成长空间，他们可能会寻找其他工作机会，造成员工流失率增加。

影响团队协作和沟通：如果员工缺乏自驱力和激励，他们可能会变得不易合作和难以沟通。这可能会造成工作团队的沟通和协作能力下降，影响到企业的整体绩效和效率。

影响企业创新能力：缺乏自驱力和激励的员工可能缺乏创新和发展新思路的能力。这可能会造成企业缺乏新的创意和想法，无法适应快速变化的市场需求，从而失去竞争力。

《非对称风险》这本书中提到一个有趣的现象，僧侣云游遭到了禁止。其原因很简单，因为他们太自由了。他们的财务既自由又安全，但这并不是因为他们省吃俭用，而是因为他们缺少需求。具有讽刺意味的是，他们仅靠乞讨就能赚到钱，我们却要一直打拼积累——他们比我们自由多了。如果你负责运营一个有组织的教会，你最不希望看到的就是僧侣拥有完全的自由；如果你经营的是一家企业，那么完全自由的员工对于你来说绝对是噩梦。

圣本笃明确提出了"稳定来自个体行为的转变与顺从"这一原则，他编撰的修道手册，很明显是要剥夺僧侣的个人自由。根据这份手册的要求，僧侣们首先需要经历一年的观察考验期，从而确定他们是否足够顺从。其实每个机构都希望其成员失去一部分自由，只有这样才能把人"组织"起来。那么你用什么办法能把人"组织"起来呢？第一，以培训的名义对他们进行心理操纵。第二，把他们拧在一起，让他们在某种程度上参与"风险共担"，和企业共担风险；让他们明白如果不服从组织权威，就会失去某些重要的东西——你现在明白了吗？为什么你很难控制那些以乞讨为生的云游僧侣，因为他们轻慢地对待任何物质财富，以至于你很难让他们失去什么。

因此，员工缺乏自驱力和激励会对企业的整体绩效和效率产生负面影响。企业需要采取各种措施，激励员工发挥自身的潜力，但这些都关乎成本，如果生产成本因为各种措施大幅增加，企业就会在筛选员工方面提高强度，从而保证在源头上提高员工质量。

4. 头脑清晰

奈飞文化聘用和晋升人员时要求他们具备的核心素质之一，就是拥有良好的判断能力，从本质上讲就是能够在复杂环境下做出正确决策、深挖问题的根源，以及拥有战略性思维并可以清晰地表达出来的能力。没有什么比这种开放而严格的辩论更能磨炼上述能力了。这种方式还培养了我们寻找的另一项核心素质：勇气。当员工发现有人倾听他们的意见及他们可以真正有所作为的时候，就会大胆发表意见。这就是我们俗称的头脑清晰。

企业都希望员工头脑清晰，在复杂情况下能够清晰地做出各种判断，抓住主要矛盾。

从组织管理角度来看，具备清晰头脑和良好决策能力的员工对于企业的成功至关重要。一个拥有这些特质的员工能够更好地适应变化、处理冲突、优化流程和提高工作效率。这意味着组织可以更快地做出正确的决策，更好地满足客户需求，从而提升企业的竞争力并提高市场份额。

从经济效益角度来看，具备清晰头脑和良好决策能力的员工可以更有效地管理企业的资源，更好地利用时间和资金，更好地规避风险，从而实现更好的经济效益。这意味着企业可以更有效地实现其商业目标，实现更高的收益和利润率。

从个人发展角度来看，具备清晰头脑和良好决策能力的员工通常能够更好地管理自己的职业生涯。他们可以更好地控制自己的职业发展，更好地把握职业机会，更好地适应企业变化。这意味着员工可以获得更好的职业发展和更高的薪酬。

从职场心理角度来看，具备清晰头脑和良好决策能力的员工通常可以更好地处理职场压力和挑战。他们可以更好地控制自己的情绪，更好地管理自己的情感，更好地适应工作环境。这意味着员工可以更好地保持职业动力和稳定性，更好地达到职业与个人生活之间的平衡。

综上所述，企业都希望员工具备清晰的头脑和良好的决策能力，这对于组织管理、经济效益、个人发展和职场心理都至关重要。因此，企业通常会在招聘和聘用员工时优先考虑这些因素，同时也会在培训和发展员工时注重这些方面的能力培养和提高。

员工拥有清晰的头脑对于提高工作效率和适应职场规则都有深刻的影响。

首先，员工拥有清晰的头脑能够提高工作效率。一个头脑清晰的员工能够更好地理解工作任务和工作流程，更快地找到解决问题的方法，更快地做出决策。这意味着员工可以更快地完成任务，更高效地处理工作，从而提高工作效率。

其次，员工拥有清晰的头脑能够更好地理解和适应职场规则。在职场中，有许多非正式的规则和惯例，例如如何与同事相处、如何与上级领导沟通、如何处理紧急情况等。一个头脑清晰的员工能够更好地理解和适应这些规则，更好地遵守规则并与同事、上级领导建立良好的关系。这意味着员工可以更好地适应职场环境，更好地融入企业文化，从而更好地发挥自己的优势。

另外，员工拥有清晰的头脑还能够更好地处理职场压力。在职场中，员工经常会面临压力和挑战，例如时间压力、任务压力、人际关系压力等。一个头脑清晰的员工能够更好地处理这些压力和挑战，更好地控制自己的情绪和态度，更好地保持冷静和专注。这意味着员工可以更好地应对挑战和压力，从而更好地保持职业动力和稳定性。

综上所述，员工拥有清晰的头脑对于提高工作效率和适应职场规则都有深刻的影响。因此，员工应该注重提高自己的头脑清晰度和决策能力，以提高工作效率，适应职场环境并更好地应对职场挑战。

此前，我新带领一个部门，即一个传统业务部门，面对新的际遇——ChatGPT，公司在各个方面寻找机会，我也提出务必锁定一定的资源。我的考虑是无法预测当前业务是否有爆发性增长，所以必须提前锁定资源，因为一旦发生业务井喷，资源博弈将成为瓶颈，且此时锁定资源成本较低。而下属二级部门主管自恃对业务了解，坚决不肯要求公司锁定资源，他认为此时锁定资源没有必要，只能显得他不够专业，我实在忍无可忍，无法仅因为个人的得失就豪赌未来业务的兴衰，没办法，我只好把他换掉了。

细思几孔

（1）候选人在面试时表现出高度的适配性即可，略有盈余，尽量不要给面试官造成心理压力，过度合格的人最后被淘汰是大概率事件。

（2）候选人要清醒地与面试官交流，表现出对美好生活最大的向往，关键是对苦难辉煌的思想准备。

（3）候选人要表现出如白月光一般的纯真和对出人头地的嗜血追逐。

（4）候选人要表现出高度的服从性，以及为上级赴汤蹈火的视死如归。

第一章

第一份工作不能输

工作就是一场比赛，你如果对自己的后程像尤塞恩·博尔特一样有信心，那可以不用在意起跑线……

——题记

"不能输在起跑线"这句话之所以"扎心"，是因为戳中了多数人的软肋，有些人从开始输到结束，当然无法面对。不过，就算你无法面对也改变不了事实，你生下来就是要和同一个场域范围内的人去竞争、比较的。比拼家境、比拼成绩、比拼学校……等你到了找工作的阶段，家境、学历都很难改变，只有步入社会的起点可以仔细雕琢。初入社会的时候，所有人的尽责性都差不多，每个人都很欠缺责任感，不知道什么叫负责任，怎样去负责任，在这一点上无论谁都在同一起跑线。

我的候选人大部分是从社会中招聘的人员，他们的工作年限从三五年到二三十年不等。我发现一个非常突出的现象，那就是职业生涯开始阶段的工作经历极大地影响了候选人后期的发展，第一份工作起点的高低在很大程度上决定了候选人的职业走势。其实道理很简单，起点越低，越要陷入低端竞争，边际效用越低，就如同和蚂蚁比赛搬运土方，即使获胜也还是和蚂蚁一样。通过进一步观察我发现，造成很多候选人第一份工作选择不当的原因，不仅仅是因为实力不济，更多的是因为自己的主观随意，或者叫作"没当回事儿"，这其实就是尽责性的问题。人们离开校园开启职业生涯，面临很多矛盾选项，从大五人格角度看，初入职场的年轻人，在尽责性方面遇到的挑战是最大的。与校园不同，职场是一个天然对工作者的责任感有要求的地方，要想胜任任何工作岗位、角色或任务，都需要计划、控制、执行，如果尽责性很差的话，很难有一个平滑的启动。而且这种尽责性差的表现是连续性的，如果开始阶段没有得到改善，那么从开始到后期会一直很差，你的职业生涯就可想而知了。

布赖恩·费瑟斯通豪在《远见》一书中曾提到：职业生涯开始阶段要做到"加添燃料，强势开局"。而日本作家大久保幸夫也曾经对面临就业的大学生这样说过："一开始请以漂流的方式行动，过段时间再切换成登山型。"

两位前辈的说法都有道理，现实情况是：没有几个人可以控制住漂流的方向，漂流很容易变成随波逐流；也并非所有人都能很快进入"加添燃料"状态，大概率是曲折前进。借由第一份工作，候选人开始审视自己想要的生活到底是什么，自己想要在工作中获得什么，这本来是良性的迭代过程。换句话说，在这个过程中即使没有确定长期目标，你也因为全力追逐短期目标而相应地提高了自身能力，在付出的过程中认识世界、认识自己，为自己接下来要走的路指明方向。这些都要求你具备基本的尽责性，第一份稳定的工作，其实不仅仅要求有尽责性，它还是训练尽责性的好机会，训练你成为一个更有耐心、有条理、负责任和值得依赖的人。事实上，尽责性是与行为最直接相关的特质，理论上也是最能控制的一种特质。而工作中要求最高的就是行为，行为直接影响工作绩效，无论你有怎样美好的理想、愿景，行为都是你抵达那里唯一的工具。

1. 说走就走的旅行约等于不靠谱

作为兵工子弟，当我得知候选人是中国人民解放军国防科技大学（简称"国防科技大学"）毕业生的时候，不自觉地产生了一丝亲近感。湖南的候选人胡文阁，有 10 年工作经验，大约换了三四份工作，单纯看简历除了毕业于国防科技大学，其他经历没给我留下任何印象。

这是一张充满笑意的脸，温暖但并不迷人。

胡文阁，个子不高，椭圆脸，眼睛乌黑明亮，弯弯的细眉，挺拔的鼻梁。衣服干净利索，满脸笑容显得神态"慈祥"——干净略带阴柔的慈祥。很有礼貌，服务员倒茶的时候他会点头致意，举止得体。

当时湖南分公司正在筹建，我和文阁的见面地点选在了江边的一间茶馆。房间很大，4 把红色的仿紫檀座椅分别摆在方形茶台的两侧。我和文阁面对面而坐，龙井的糯米香味弥漫在整个房间，温润了那个下午。

文阁对自己的几段工作经历娓娓道来："我 2009 年毕业，所学专业是通信工程，大学成绩一般，毕业后去了一家小公司，做不间断电源的维护工作，做了一年多。后来有个机会，一个朋友在九江和他人成立了一个合资公司，做江西的污水治理，我就过去负责项目管理。4 年之后项目做完，我回到长沙目前这家公司——思远政通，做城市管理项目，我是业务总监，在这里已经工作 3 年了。"

可能是椅子不舒服的原因，文阁介绍的时候姿态前倾，不停地点头，好像在不断地给自己鼓劲儿。"关于您工作的这几段经历，可以具体地介绍一下，如每家公司做出的成绩，离开的时间，为什么离开，以及加入下一家公司时，您为什么选择它。"我尽量放慢语速去配合文阁的节奏，营造一个轻松的氛围是我尊重候选人的一种方式。

"嗯，毕业的时候我成绩不理想，随便找了个工作。湖南移动有个供货商是梅兰日兰 UPS 的代理商，我就去那里负责运营维护，做了大约一年半。那时候我几乎跑遍了湖南的十几个地级市，客户对我还是很认可的。""离开的原因是公司很小，和我的专业也不对口。后来有个运营商的领导辞职创业，专做污水厂的项目，我就去了他那里，一干就是 4 年，基本上江西一百来家水务公司我都跑遍了。后来竞争越来越激烈，我们公司经营遇到困难，我也想着回湖南发展，就来到了现在这家公司，主要做一网通管和智慧停车项目。3 年来，我每年的业绩都是前几名，公司有计划想给我升职，提拔我为长沙办事处的主任。"

"哦？那不是很好吗？成为分公司的负责人是职业发展的重要一步，您为什么选择在这个时候离开呢？"我知道有些候选人会用在当前岗位的升职加薪来增添谈判筹码，但是直觉告诉我文阁不是这种人。

"我不想升职，我觉得做个普通的销售员挺好的。"

"为什么呢？"我颇为意外地问道。

"我们办事处有 6 个人，都不太好管理，当主任压力太大了，我管好自己就行了。"

"那也不至于因为升职而离职吧？您这个离职理由还是我第一次听到。"我调侃道。

文阁犹豫片刻，"也不是我想走，我拒绝接替主任的岗位后，公司从上海调来了一位新的主任，这个人来了就给我'穿小鞋'，把我的成熟客户分给其他人，我没法和他共事。"

面试的 1500 人中，除了撒谎的，文阁是唯一一个因为不想升职而选择离职的。不过这个结果一点儿都不意外，新任主任肯定会把文阁当成头号敌人，毕竟他是上级名单上的首选，文阁显然欠考虑了。

这一瞬间我已经有点儿感觉了，这是一个温和的人，好像不太敢承担责任。其实开始我就有点儿疑问，为什么重点名校热门专业的毕业生在那个年代的工作履历这么草率。于是我又问道："2009年，您毕业的时候为什么会选择那家小公司？按说您的通信工程专业应该有更好的去处吧？那家公司到底哪里吸引您呢？"

文阁略微迟疑了一下，看着杯子里的茶叶发呆了几秒钟，轻叹了一口气说道："不瞒您说，我毕业的时候太贪玩儿，觉得大学4年很辛苦，人生也好漫长，有大把的时间可以工作，所以我想在工作之前应该先充分玩玩，也把一些没去过的地方都转转，这样的话我可以无怨无悔地投入工作中去，所以，我就跟几个朋友一起出去玩了大约半年的时间。"

"哇？您这就是传说中说走就走的旅行吧？我一直很羡慕的。"这句话完全是真情流露。

"就算是吧，不过回来之后发现很多公司不把我当应届生对待了，都用社会招聘标准衡量我，好多工作机会都没了，我也是没办法，先找个落脚点，就到了这家小公司。"

"再说说您现在的状态，如果换一个环境，您还会考虑去做这个主任吗？假设所谓的6个人都比较好管理。"我一般会把条件收窄到具体状态，这对候选人来说是一种压力。

果然，文阁有些迟疑，看得出他在考虑怎么回应，下巴收紧笑容也僵硬了，不过片刻时间，他就抬起了头回答道："可能我不适合管理人，我也不知道能不能胜任，我认为做不好的事情就不做了。"

"那么，您觉得在过去所做的三份工作中，您最胜任的是哪一份？在工作中有什么亮点？"此时此刻，我依然尝试去调动文阁的激情，希望他能把自己最好的一面展示出来。

"可能是我来到思远政通的第一年吧，有个株洲的智慧停车项目，我有 4 年的污水处理工作经验，对 IoT（物联网）传感器比较了解，停车主要是应用传感器通信，3000 万元的项目很顺利地做成了，到现在客户也都很满意，那是我最快乐的时刻。"

我准备再给文阁点儿压力看看他的底色如何，"您工作也快 10 年了，假如过去 10 年重来一遍，您能改变其中一件事，对您的职业生涯影响最大的一件事，您会改变什么？会变成什么样？"

文阁陷入了深思，双手在桌子上缓慢地旋转着茶杯，杯子里绿色的龙井茶叶已经起了旋涡，某个瞬间我真担心他会融入那个旋涡。

"如果再来一次，我可能不会去旅行，直接去工作吧，我的很多同学都进了运营商或通信企业，我想我也差不多会走这条道路，一直做本专业可能会好一点吧……"

"谢谢您的坦诚，我还想请教一下，新任主任来了之后，您做过哪些尝试去改变和他的关系吗？"

文阁沉默了一会儿，"我本来的想法就是做好自己的事情，主任自然也不会对我怎么样，可是他后来分走了我的客户，我的工作就没办法开展了，我想做什么也来不及了，还是离开算了。"

很多次，面试过后我都有某种创伤应激反应。在其他条件不变的情况下，如果文阁是一个尽责性强的人，在毕业那一刻的选择可能会更慎重，考虑得更长远、更周密。当然如果在那一刻他能表现出较强的尽责性，也就不会发生后来的力拒升职的情况，虽然这个说法相当武断，但是见微知著，作为用人方，我无法去拿别人的随性来赌我的明天。

每到年终述职的时候，我总能听到下属最后的陈述是"希望承担更大的责任"，这其实是谋求更大的管理权限的委婉表达，有过多年职场经验的人，对此更不会陌生。管理职位的工作包括管理下属、引导部门做出成果、与其他部门协调合作等，工作内容涉及多个方面。如果看到这些认为"我没有做过，不知道能不能做到"，我觉得有这样的不安也是理所当然的。但是，如果你有机会成为管理者，那是因为公司对你的工作进行了评估，认为你具备履行该职务的能力。无论是谁，在首次攀登一座大山时，如果只看山顶的话就会觉得"太高了，自己做不到"。但是，好好准备，扎实走好眼前的每一步，只着眼于眼前的目标，就会觉得"也没有想象中那么高，说不定我也能做到"。而且，管理职位也不全是令人头痛的事，还有一些只有在那个位置才能体会到的美好。没有人从一开始就能扮演好自己被期待的角色，在职业发展过程中，超强的尽责性是不断进步的基本前提。

我们评价一个人"靠谱"，大意是这个人思维缜密、行动谨慎，做事情有目标、有计划，在计划执行过程中既能自我鞭策，又不钻牛角尖，还能从容、坚定地向目标前进。在和文阁交流的过程中，我没有感受到靠谱，从说走就走的旅行到拒绝接替主任的岗位，虽有难言之隐却也不是没有更好的选择。换句话说，胡文阁在几个节点上的选择有点儿随意，缺少尽责性。

2. 大学累了4年缓冲一下

2020年疫情开始，面试工作不得已转为线上进行，客观上提高了面试频率。白岳峰，山西的候选人，毕业于北京邮电大学，在中兴通讯工作了两年，在山西电信工作了近7年。良好的教育背景，平稳的工作履历，当打的年龄，我非常期待那个中午的会面，尽管是在云端。

人力资源专员帮我拨通了视频，我开好了美颜和虚拟背景，曼城队天蓝色的更衣室把身穿白衣的我衬托得还是挺年轻的。铃声响了3下，对方接听了。"咳咳，您好。"

只闻其声不见其人，对面依然是黑屏。"您好，是白岳峰吗？麻烦您开一下摄像头。"

对面窸窸窣窣一阵嘈杂声音。"您稍等，我调一下。"嘈杂中好像还有小孩子的声音，应该是在家里。

大约几分钟，画面切换过来了，背景是一个狭窄类似小型库房的地方，两张高低床又显示这里有人居住。白岳峰浓眉大眼，看着很文静，说话喜欢歪着头，好像总是在思考，眉宇间略微有点儿川字纹，不大像这个年纪的人该有的，表情有点儿疲惫。

"不容易，不容易，终于见到真人了。"我笑着调侃了几句，缓解下略显压抑的气氛。

"抱歉啊，刚才小孩儿在这个房间，耽误了一会儿。"

"没事，没事，疫情让大家都得适应新的生活节奏。咱们交流一下，您可以介绍一下您的经历吗？"

白岳峰习惯性地歪了一下头，像是在思考。"我的简历您看到了吧？我2010年毕业，毕业后在中兴通讯工作了两年，后来回到老家，在山西电信做政企行业的技术支持经理，做了快7年了。"

"国企的工作做了近7年，又是在家门口，应该说是一份稳定的工作，为什么有离开的想法呢？"我知道这么问有时候会比较招人烦，求职毕竟是双向选择，候选人还没表态，就假设人家想离职颇为唐突。但话虽如此，基本上90%以上的候选人都有意向改变工作岗位，直接了解动机既给对方增加压力，也容易把交流尽快引入深水区。

出人意料的是这个问题竟然卡壳了。白岳峰甚至长叹了一口气，"您大概看到我的居住环境了，我有两个小孩，电信工作的收入不够我养家的，业内都知道像您这种公司的收入会高一些。"

绝大多数候选人对这个问题的回答都会比较外交辞令，比如发展受限等。所谓"发展"，一方面就好比足球运动员，不能每场都打主力，自然无法得到充分施展，得不到锻炼；另一方面就是薪资给少了，认为自己值的钱越来越多，而老板给的钱越来越少，基本上就是这两个原因。但是基于东方文化，大家觉得谈钱总是显得没有追求，所以一般都要说所谓的"发展"。用马云老师的话说，就是心里受委屈了，钱给少了。

不过白岳峰这个情况略有不同，既然他谋求更高的收入，怎么会从中兴通讯转回运营商呢？那个年代运营商的收入可是比企业要少的。

"刚毕业的时候，因为我们是通信类院校的重点学校，大家都是去中兴通讯、华为、思科这类的大企业，我也去了中兴通讯。后来，在中兴通讯我的出差时间太多了，完全没时间照顾家人，正好山西电信在招聘，于是我就选择了山西电信。其实也没想太多，没拿到山西电信的录取通知时我就已经准备辞职了。当时中兴通讯的收入确实高一点，也没高太多。而且，因为在中兴通讯的工作技术含量没有多少，都是做一些技术支援工作。而山西电信当时需要的是能做整体架构设计的人，我觉得这对我的宏观架构能力是一个提升的机会，又能照顾家，所以就回来了。"

"那很好啊。"我顺着白岳峰的回答继续提问，"请您介绍一下最近5年做过最有价值的事情，以及您获得了哪些提高？"

"最近几年一直在给山西省的政企行业做项目，给山西石化做过加油卡的设计，给山西医疗做过全省医疗系统5G通信的架构设计，我觉得最有价值的事应该说是给山西加油卡做的整体无线加油一体化的设计，这个项目持续了两年，让我对总体设计宏观的思路有了不小的提升。"

"那么，过去几年您有哪些地方做得不好？您最希望改变的是哪些方面？"

这既是一个棘手的问题，也是一个加分的问题。说棘手是因为回答这个问题，必然会让候选人把自己相对负面的一面展现出来，因为每个人都不是完人，每个人都会有需要改变的地方，如果候选人很固执地回避这个问题或回答得轻描淡写，那这就是问题所在。如果候选人能够很中肯且清晰地剖析自己需要提高的地方，这就是一个加分项，毕竟在一个新的环境下，不断地取得成长，能够反思内敛，是一个必不可少的能力。所以，这个问题的关键在于，看候选人是否很负责任、认真地去面对自己需要提高、改变的部分。自省也是尽责性的体现。

白岳峰沉默了一会儿，摇摇头说："我觉得我做得还都挺好的，没有想到哪些方面是一定要改变的，只是说希望能够到一个更大的平台上，去发挥自己的优势。"

我略微有一点点意外，无须改变也是很多候选人的答案，这个回答其实不是最优解，但也无可厚非，因为很多候选人的确一帆风顺、高歌猛进，顺势而为不做改变也乏善可陈。不过考虑到白岳峰的实际情况，这显然不是一个丝滑的答案。

于是我决定"死缠烂打"（太不专业了），"那么换一个说法，过去这么多年，如果一定要改变一件事，让您的职业生涯变得更好，您会选择改变什么呢？"

又是一阵沉默。"如果能把几个大型工程做透就更好了，就像全省的医联网，我只是参与了边缘计算和通信架构设计，只做到数据交换层，48个应用效果就不知道了，挺遗憾的。"看得出来在描述这段经历的时候，白岳峰的眼睛明亮了许多。

"能具体说说您的边缘网关设计和数据交换中枢的思路与机理模型吗？"

"是这样的，全省偏远医院有236个，5G通信还没覆盖，边缘网关采用的是工业用的远程Wi-Fi，数据采集分为线上和线下两类，通用标签库大约有20个……"

在阐述技术细节的时候，白岳峰不再歪脑袋，他甚至扬起了头，拿起笔在屏幕前不断挥舞。白岳峰讲了大约10分钟，基本上从开始的架构思路，我就已经判断出这个人能够在技能上胜任，甚至超过70%的同类型选手，但是能否在互联网这种"开卷有益"的环境下生存尚是一个未知数。

"我再问您一个问题，您知道互联网公司有点儿丛林文化、赛马文化的意思，很'卷'，淘汰率也很高，您觉得如果您加入这样的团队，您必须在哪些方面做出改变呢？我指的是和您过去的经验相比。"

这是我第三次追问关于反思和改变的话题，岳峰显然感受到了我在这一点上的"纠缠"。

他又陷入了沉思，脸色阴沉像江边翻滚的乌云。大概半分钟后他回答道："您就是想知道我原来哪儿做得不好，哪儿做得特别差是吗？"

一下子我有点儿蒙，想解释解释又张不开嘴，隔着屏幕尬在当场还是第一次遇到。

突然间，白岳峰的屏幕熄灭了，一丝轻微的金属撞击声伴随着一段极轻微且缓慢的呼气，"抱歉，信号不好，视频有点儿卡……"

拥有多年技侦经历的我，断定是他自己关掉了视频，然后点燃了一根烟……

黑暗中传来了低沉的声音，如果没有之前的视频，我一定会认为对方是一个垂垂老矣的老者。

"我的性格有一点儿保守，不像其他人那么活跃。大学毕业同学们都去大企业，我也跟着去了大企业。外派工作了两年有点儿辛苦，工作压力也大，我有点儿累了就选择回到了国企。这几年工作节奏很缓慢、很舒适，不过有了孩子后经济压力大了，国企赚不到钱又无法发挥，压力也不小，我就想再出去看看。但是现在我当年的同学们都是主管、总经理级别了，我还是一个普通架构师，我在技术上积累的速度也没有他们快，和他们再相遇的时候已经没什么共同语言了。我知道你们公司是狼性文化"996"的代表，工作强度也很大，以我现在这个状态很难跟下来，所以我要改变的地方很多……"

面试在这个时候已经接近尾声，对于白岳峰来说可能才真正开始，因为这时候他才真正卸下了武装。

最后我给他通过了面试。如果仅仅按照当时的表现，他无法通过，可能是出于对一个年轻人的同情和期待吧，我犯了面试官最不该犯的错误。不过，据说最后他还是放弃了这份工作，不知道他现在过得怎么样。不过至少现在他每天可以按时回家，每天都能看见妻子和可爱的孩子，每个夜晚都能抱着孩子、妻子入睡，也许他还可以来杯红酒，握住酒杯就像握住整个世界。至少，我没给他在那个失落的下午再撒一把盐，在此也祝福一下吧，希望生活能对这些缺少"战斗"气质的年轻人温柔以待。

尽责性是全面预测一个人职业成功与否最可靠的人格指标，而且各种职业都是。从整体上来看，人格在 50 岁以后最稳定。从发展的角度来看，儿童期还处于人格的形成期；而从各大生活事件的发生频率来看，20～30 岁是最为密集的阶段，很多生活事件都会引发人格的小幅变化，所以年轻的时候人格没有那么稳定，但是这个时候的边际效应最大。当前的很多工作自主性都越来越大，比如没有明确要求你每天必须做什么、怎么做、做多少，而是可以在一定程度上自己来决定，所以尽责性的作用就更大了。因为尽责性强的人在这时就会设定目标、制订计划并且执行，而那些尽责性差的人可能就放飞了，"摸个鱼、划个水"，或者干脆把工作留到明天再做。所以可以想想，那些习惯性懒惰或拖延的人，尽责性都不会太强。一个典型的尽责性强的人自律、专注，做事有条理，善于控制冲动，简单来讲就是我们常说的"这个人靠谱"。

著名心理学家库尔特·卢因曾说："一个人的行为是其人格与其当时所处情境的函数。"人既有稳定、连续、不变的方面，又有不断对外界输入的刺激经验做出响应的能力。于是，人既不是被外在环境的风雨不停击打的飘摇不定的船，也不是在海浪翻涌冲击下纹丝不动的水泥码头，理解外在环境力量与内在人格力量的复杂作用，是理解人性的一个极其重要的基础。虽然好像人格难以预测单次的行为，但是一旦把多次情境下的行为加总，人格的重要性就凸显出来了。比如，我们无法准确预测明天某个员工会不会迟到，但如果集合一整年的情况，尽责性差就意味着他平均每个月会迟到3次，一年迟到30多次，这就离被开除不远了。所以，即便每一次只是可能性稍微变大一点，但累积下来的效应也是可观的。

3. 我不想不想长大

　　伊力夫端正地坐着，甚至有点儿太端正了。35 岁的他身材消瘦，头发垂在脸两侧，已经略有灰白。说话时，伊力夫一会儿把手放在大腿上，一会儿左手握着右手，好像把手放在哪里都不太合适。他脸色有些暗沉，举止有些许紧张，为了缓解气氛，我给他倒了一杯水，特意把凳子向前挪了挪。

　　伊力夫家在内蒙古，毕业于成都科学技术大学。上大学的时候吃不惯川菜，家里总是寄一些牛羊肉过来。毕业后找了一份做教师的工作，在呼和浩特市，教初中数学。家人跟他说，先好好工作，再慢慢考取公务员编制。那时伊力夫才 23 岁，比班上的学生大不了几岁，他们处得不错。但伊力夫经常跟学校领导闹别扭。教了 4 个月，他就不想教了。离开学校，回到家准备考研，可是伊力夫坐不住，今天去这里走走，明天去那里看看，准备了大半年，考研基本无望。这时候遇到一个远房亲戚，做房地产开发工作，看到伊力夫大学毕业，人也机灵，就让他来自己的三产公司，专门给自己开发的精装修楼盘配备橱柜。本来伊力夫不想去，可是发现收入不错就动了心，果然在那里上班，他获得唯一的好处是工资待遇还不错，补贴加销售提成，一个月能拿到 8 000 元，这在当年的内蒙古已经是高薪了。伊力夫半年后升职为主管，又过了半年，当上了综合管理部副部长，收入超过了 10 000 元。就这样他踏踏实实地干了 3 年，贷款买了房，家里父母很开心，他也在谋划更远大的未来。人算不如天算，后来房地产调控，公司的资金链断裂，各路债主蜂拥而来，他所在的三产公司也被抽光了资金，很快就关门大吉了。

彼时已经毕业近 5 年的伊力夫并没有太紧张，休息了一段时间，他想起了大学的老本行——地理信息系统（俗称 GIS）。地理信息系统是一个很考验行业理解力的领域，好在他之前的工作领域是房地产，和规划、住建部门打交道比较多。正好当年曾经实习过的公司——晶石地理信息系统公司（简称"晶石信息"）在内蒙古招人，他就应聘去了晶石信息。因为过去 5 年的经历和新工作的相关度太低，他只好从零做起。一转眼 4 年过去了，伊力夫还在晶石信息做着基层的工作，收入依然没有恢复到 10 年前的峰值。

本来我看到伊力夫的简历，已经做好准备他会讲一个比较圆滑的故事。出人意料的是他犹豫了片刻就坦然地把过去多年的经历原原本本地说了出来，好像不是在面试而是在倾诉。

当我问及他的反思，他很坦然地表示："我大学毕业的时候太懒散，不想吃苦，也没有长远打算，那时候应该继续在本专业钻研，这样就不会错过全国第二次土地调研工作，现在应该已经在行业内做出一些成绩了。错过了行业的一次历史机遇，现在只能勉力跟上，快速发展的机会没有了。"我问他接下来的计划，他苦笑道："没有特别的计划，只是希望能继续在本专业深耕，毕竟这是我的根本，如果有赚钱多的岗位当然会考虑，但一定是和本专业相关的，绝对不能再从零开始了。"

坦白讲，伊力夫的经历我还是很同情的，我并没有因为他跳了几次槽就不想选择他，最主要的是他在专业方面的积累达不到要求。原因正如他自己说的，虽然做了三四年，但是错过了行业发展的黄金时期，没有重大项目的磨炼，都是一些日常的项目维护，专业技能提升得太慢了。我不能说他错过一个机会就满盘皆输，但是大学毕业之后的随意决定真的拖慢了他前进的速度。

杰夫·贝佐斯观察到："人们犯的一个巨大的错误是，他们试图迫使自己产生一个兴趣。"不经过实践，你永远无法搞清楚哪些兴趣会持续下去，哪些不会。——《坚毅》（［美］安杰拉·达克沃思）。

总体来看，在我们的生命全程中，人格是相对稳定的，很少出现激烈的突变。一方面，生活经历确实可以推动人们以独特的方式发展，当生活发生变化时，你的人格也会有所改变，或多或少。另一方面，我们也完全可以通过创设自己的生活经历，在某种程度上改变自己的人格（如果你觉得有必要的话）。比如，做一些依照本来的人格并不想做的行为，再把它变成习惯。当然如果你觉得自己改变起来太困难，做不到，还可以借助外力，它们会让人格发生系统性的、长期的，同时很缓慢的改变，如接受教育、心理咨询，以及……读我写的书……这有点儿"硬广"了。

细思几孔

如果做这个记录的目的并不是提供某种解决方案，或是给出具体的应对方法，只是力图启发反思，我就是在浪费公共资源，也是缺乏尽责性的表现。

在看不到商业回报的时候，磨炼自己做成小事的能力和意志，为做成更大的事情做准备。比起软弱和慵懒，尽责性的磨砺和锻炼是痛苦的、有压力的，但也是长期回报的基础。彼得·德鲁克说过："有效管理要求做明确而且相当简单的事情，在这方面，得做点儿练习才行……"第一份工作就要找到明确和简单的事情。首先，专注于整体表现中一个非常小的方面，并设立一个延展性的目标。高手并非专注于他们已经做得很好的方面，而是会努力改善某个具体的弱点。他们会有意地寻求尚未达到的目标。坚毅是指在很长的一段时间里持续追求同一个顶级目标。用皮特·卡罗尔的话来说，这一人生哲学非常有趣并且重要，它能将你的非睡眠时间组织起来。对一个坚毅的人来说，他们大部分的中级和低级目标，都会以不同的方式与其顶级目标相连。相比之下，坚毅指数较低的人可能缺少连贯性的目标结构。

找容错度高的环境。漂流的目的并不是抵达河流下游，其价值体现在拼尽全力穿越激流的整个过程——想方设法避开暗流险滩，未及喘息就要迎接下一段激流的挑战。漂流是一个试错寻找方向的过程，做一些尝试和取舍没有问题，但要有目的。就和爬山一样，长时间没有上升的爬山是散步，是需要我们警惕的。第一份工作中的成长是肉眼可见的，毕竟起点很低，稍有进步就能感受到，如果你发现一年没有长进，无论是薪酬还是地位，那就需要警惕了，这里不用考虑能力，很多时候能力的提升慢于薪酬和地位。

初入职场的新人通常会面临许多挑战，需要适应新的工作环境、学习新的技能和承担新的责任。因此，一个容错率较高的企业可以减轻新人的压力和焦虑，同时提供更多的学习和成长机会。容错率高的企业通常具有以下几个特点。文化包容：这些企业通常会有开放、包容和鼓励创新的文化，员工可以自由地表达自己的意见和想法，而不必担心因为自己的错误而受到惩罚。指导和支持：这些企业通常会提供良好的培训计划和指导方案，为新人提供必要的知识和技能。同时，他们也会有一支专业的导师团队，为新人提供指导和支持。适当的压力：这些企业会提供适当的挑战和压力，但不会过分追求完美或过分严格。在这种环境下，新人可以放心地尝试和实践自己的想法，不必担心出错。

靠近人才密度大的地方，尽量和"牛人"为伍，自己打肿脸充胖子也"牛"了。

兴趣不是通过反思被发现的，而是通过与外部的互动被发现的。

巴里说："人们认为爱上一份职业应该是突然而迅猛的。很多事情中的巧妙和欣喜都是在你坚持了一段时间、全身心地投入之后才产生的。很多事看起来很没意思、很肤浅，但你开始做以后，就不会这么认为了。一段时间后，你才会意识到，原来很多方面是你一开始不知道的。看似你无法彻底解决一个问题或者彻底理解它，这时你需要在这件事上坚持下去。"略微停顿后，巴里接着说："实际上，寻找人生伴侣也是一样的。找到一个潜在的匹配对象——不是独一无二的完美对象，而是一个有发展希望的对象，仅仅是事情的开始。"

在人才密度大的环境下，新人可以接触到更多的高素质、有经验的职场人士，通过交流和合作，学习更多的知识和技能，提高自己的职业水平和竞争力。以下是选择人才密度大的企业对职业发展的好处。学习机会：在人才密度大的环境中，新人可以接触到更多的专业知识和技能，与业界顶尖人才交流合作，提高自己的技能和知识水平。发展机会：在人才密度大的企业中，新人可以从高素质、有经验的职场人士那里学到更多的职业经验和技能，从而更快地成长为专业人士。竞争力：在人才密度大的环境中，新人将面临更大的竞争压力，但这也将激发他们更好地发挥自己的优势和才能，提高自己的职业竞争力。从理论上来讲，人才密度大的地方拥有朝阳产业的数量可能多一些。产业处于一个增长阶段，而我只要伴随着这个产业，即使不会超过平均水平，也能够得到相应的提升。

人才密度大不是学历密度大，当然学历密度大有一定的作用，但不绝对。人才密度大是指人才多元化，人才的进取心旺盛。

《远见》一书中提到：职业生涯可以被分成 3 个主要阶段，每一阶段都持续大约 15 年，且各有各的主导策略。第一阶段，加添燃料，强势开局；第二阶段，聚焦长板，达到高点；第三阶段，优化长尾，持续发挥影响力。

从面试的案例来看，职业生涯第一阶段可以再以 5 年为单位细分，第一个 5 年必须选择一个稳健上升的赛道，如果第一个 5 年无法找到赛道，后面 5 年、10 年的弥补会非常辛苦。这既是接力赛又不是接力赛，第一棒没跑好，第二棒、第三棒可以奋起直追，这有点儿像多级火箭，第一级燃烧不充分面临的是坠落。工作第一个 5 年快速发展，包含实习、第一份工作、稳定工作、第一次晋升；第二个 5 年深度学习，持续提升绩效，跨地区、跨部门、跨领域轮换工作；第三个 5 年大幅提升。短期的职业发展策略将有助于你实现自身的长期目标。不要为了短期的优势而选择新工作，新工作必须有利于你的职业生涯和生涯线的发展。许多人只着眼于短期利益，并为此放弃未来的发展机会。如果每次跳槽只是冲着更高的收入，这有可能造成你的工作经历就像一个大杂烩，缺乏连贯性。换工作本身并不是一件坏事，只要你能够将这些工作"串"在一起，打造出一条你希望得到的生涯线。

第二章

学历的玻璃笼子

　　大多数人都在努力改变现有生活状态，获得更高的学历就是一个重要手段。我对此感到反胃，并非我轻视教育背景，只是我希望能给个体更全面展现自我的机会。因此我面试从来不重视学历，至少是重视经历大过重视学历。但是面试到近 500 人的时候，我被拖入一种凶恶的范式，无力挣扎。这个范式就是工作 10 年左右，连续换过 3 份以上工作，且没有明显长进的候选人，几乎都是"双非"二本或专科学历，别问我是怎么知道的，我也不希望这样。单纯在技术层面，学历只是某些大学的经历证明，但是在存在层面，这是入门证，是大企业、高收入的现实差别。学历的转变演化多年以来乏善可陈，但是由此所搅动的人状态的变化清晰可见。换句话说，你谈的是某种看似中立的教育背景，但其实说的是某种可预期的生活质量，即使关于学历并不存在底线一样的共识。

1. 学历约等于职场原生家庭

　　"我觉得这是您的'心魔'，'心魔'已经死了，希望您能重生。"

"谢谢您，我知道了，这都是我的错，没脸回来了。"

几年前，我在一家初创企业做合伙人，彼时企业的估值已经超过了30亿元。有一天，下午一点左右，我接到了一个电话，一个浑厚的男中音从电话那端传来，对方很有礼貌地说道："您好，您是花总吗？冒昧打扰您，您的下属杨娟让我在这个时间跟您联系，您方便吗？"我原以为是一个推销电话本想挂断，但是电话里沉着平稳的语调再加上提到了下属的名字，我想这一定是有备而来的。"可以，您是？""抱歉，花总，我前几天通过了杨经理的面试，但由于我的学历是大专学历，我担心贵单位不给我二次面试的机会，所以冒昧地给您来电想争取一个和您面谈的机会，我在这个领域工作了七八年了，我有信心能够胜任您这边的工作岗位，也有信心为咱们公司创造价值，希望您能给我一个机会。"

人们都说不要给面试官打电话，其实这个还是要看情况的。这个小伙子自信且真诚的声音打动了我，当然，他直接点名是杨娟介绍，这让我也很认可。而彼时也正是我司用人之际，我急需这种有自驱力、敢于主动打破边界的开拓型人才，所以我们两个人一拍即合，并且约好了面对面的面试时间。

在遥远的昌平东小口镇，有一个地标性建筑龙德洗浴城，我们公司就坐落在洗浴城的4楼，洗浴城在地下，1~4层都是写字间。作为初创企业，我们虽然融资能力不错，但是依然选择了艰苦奋斗的道路，和洗浴城在一栋楼办公让我们既节省了租金又使公司地址有极高的辨识度。经常有候选人到了楼下看到洗浴城的大招牌望而却步，我们则戏称公司其实非常好找，闻着沐浴液的味道就到了。现在离开那里好多年了，说实话还是经常回忆起燃烧岁月中的沐浴液的香味儿。

小伙子个头不高，大大的眼睛闪烁着憧憬和激情，圆圆的脸庞，可能是见到我略有一丝紧张，希望保持严肃，有点儿紧绷，但由于兴奋笑容也不时闪现，反而透着一丝真诚。"我毕业于四川音乐学院，是一名大专生，我来北京就是为了发展我的事业，多赚点儿钱。我现在已经结婚在北京定居了，所以希望专心打拼。目前在一家做特种设备的公司工作，面向的客户群体比较固定，基本业务都靠口口相传，所以我的口碑在行业圈里边非常好，花总您可以了解一下。"

二十七八岁的小伙子，这么自信且对自己的业务有清晰的认识，对自己有很好的定位，非常难得，所以我按照常规又问道："那么您能具体说说在工作过程当中引以为傲的一些事情吗？"

"正如跟您汇报的，我们的圈子不大，对客户的服务是最重要的。我因为是专科毕业，也不是科班出身，所以在工作当中的学习是对我帮助最大的，尤其是向客户学习。我们的特种设备，虽然产品质量各个方面都很好，但是我们公司成立的时间不长，平台比较小，品牌的拉动力也不大，所以就需要我们在具体的客户推动方面花费很大的精力。我有一位客户，我曾经邀约他到我们公司来参观访问。我们这样的小公司能够请到他这样的老领导是很不容易的，他过来的时候也半信半疑，而我们公司在组织接待方面也不专业，所以我就自己找朋友借了一辆汽车，亲自到火车站去接这位老领导。请公司的几个行政人员把整个公司打扫得干干净净的，在楼道、会议室里张贴了有关这位老领导的一些介绍。我们请这位老领导给全公司的人上了一堂关于行业认知的课。老领导非常高兴，觉得我们很重视他，于是就给我们介绍了承德、晋中、邯郸的一些客户。我们在承德、邯郸这两个地方也派驻了大量的工作人员，起早贪黑，尤其是在'国庆节'重点安保这两个地方，我一直在这两个地方来回跑，从根本上感动了客户。所以这两个地方就成为我最重要的'根据地'。我觉得在这个过程中，一方面跟这位老领导学到了行业知识技术要领，另一方面学到了对待客户要真诚，全力以赴地为客户提供服务。尤其是要把自己的能量和公司的能量结合起来，这样的话才能够有创业之心，才能够把工作做好。所以后来很多人都说我们这个公司能够得到这位领导加持，其实是非常幸运的，但是事实上这个运气都是我们精心准备和努力拼搏带来的。本质上，我觉得在一个创业的阶段，必须把自己个人所拥有的能量和公司能够提供的能量相结合。假如说即使我只有 30 分的能量，公司有 40 分的能量，我们加在一起再努把力可能就会有 80、90 分的能量，这个事情就有可能做成。所以这个是我得到的，这是我最好的一部分经历吧，当然我经历的不多，能拿出来说的，只有这么一两件小事，请花总您批评指正。"

时光飞逝，两年之后。我已经升任集团 COO（首席运营官），和这位小伙子联系不多。突然有一天收到信息，小伙子很礼貌地和我告别，我很震惊。这段时间虽然联系不多，但是听说小伙子一直做得不错，大家对他十分认可。于是，我单独约他聊了半小时，也算是最后的告白。

"小伙子，怎么要走了？这两年做得不开心吗？"

"不是，不是，花总，非常感激公司还有您对我的知遇之恩，公司各方面我都很满意，就是眼前有个大厂给我机会让我去带个团队，我实在是不好意思，是我对不起公司，对不起您。"

一般而言，如果同事"另谋高就"我是不会阻拦的，道理很简单，都是成年人，都会对自己负责，既然能提出离职必定是深思熟虑的结果。挽留和阻拦都不是最恰当的选项。

"好啊，小伙子，虽然很不舍，但是我相信这不是您一时冲动，可以帮我个忙吗？能告诉我这个大厂哪些方面吸引您吗？也算帮我为改进公司贡献点儿力量。"

那一瞬间小伙子竟然有点儿激动，大大的眼睛里似乎还有点儿泪花，当然也可能是我眼花。

"谢谢您的信任，其实大厂的收入并不比咱们这儿高多少，我去大厂一方面是因为对方给我一个团队长的位置，还有一方面也是我的情结。"

"哦？团队长的位置我们也在计划中，您是第一梯队候选人，大厂情结很多人都有，没想到您这么浓眉大眼有闯劲儿的家伙也有这个情结？"

小伙子苦笑了一下："花总您说笑了，我知道公司准备提拔我，人力资源专员也和我谈过，我特别感激。是这样的，您知道我是专科毕业，我周围上大学的同学后来都去了大公司、大平台，我心里一直挺不是滋味的，后来我再努力也只能在小公司打拼，我不是说小公司不好啊，我就是不服气，我觉得他们歧视我的学历。这是我的一个痛点。这次大厂破例找我去做团队长圆了我的梦，也算为我'洗白'了身份。以后我就不再有矮人一头的感觉了，尤其是在面对我老家那些同学时，也给了我爸妈一个交代。"

小伙子说得没错，世界上有两种东西，只有拥有它的人才有资格说它不重要，一种是金钱，另一种是学历。那些说着"能力比学历更重要"的公司，可能在最初筛选简历的时候，对候选人的最低标准要求就是"985"工程和"211"工程高校毕业。而所谓的"能力比学历更重要"，指的是在进入公司之后的打拼。世界 500 强企业、大厂基本就是这种思维的代表。小伙子心里的大厂梦，其实就是对学历的一种不屈的反抗，但是反抗的方式，是被学历所代表的体系所"招安"，以作为胜利的标志。他是如此渴望被这个体系所接纳，亦如多年前对这个体系的"仇恨"。

时光飞逝，转眼又一年过去了，公司年会请来了河北的几位客户，席间偶尔聊到了那位小伙子，其中一位长者说到他很熟悉那位小伙子，据说最近在折腾特种设备。我听罢一惊：小伙子不是在那家著名的大厂吗？怎么又在折腾特种设备？

会后我找到和小伙子关系最近的杨娟，杨娟苦笑道："小伙子半年前就从那家大厂离开了，具体原因我也不清楚。"

"他为什么不告诉我？"

"可能他是不好意思吧。"

于是，我们有了本节开头的对话。

"花总，谢谢您这几年一直想着我，我没脸回来了，我入职了才知道，因为我的专科学历，主管领导和人力资源专员是做了特别背书担保的，我入职 3 个月后部门改组，互联网公司变化太快，我的部门被撤销了，这时候正好是我的试用期答辩，几个月的时间都在折腾组织调整，我没什么业绩，文化融入做得也不好，答辩的时候主管领导和人力资源专员都是刚换的，没有一个人给我背书，我一气之下就辞职了。说辞职是好听的，他们压根儿没想让我通过试用期。"

虽然猜到了开始，但是完全没猜到结局。尽管我盛情邀约小伙子再回公司，还是被他婉言谢绝了，据说后来小伙子成了一家初创企业的合伙人，很多人都颇感意外，而这些却都在我的意料之中。

兰德尔·柯林斯在《文凭社会》一书中提到："现代社会之所以需要文凭，不是因为文凭可以衡量一个人的知识水平，而是在于它的社会功能。比如，文凭可以成为人们提升自我社会地位的'文化货币'，可以成为社会组织分配资源的借口，可以成为不同族群争夺文化领导权的武器，还可以成为不同社会阶层之间进行政治斗争的工具。"这一态度也深埋于候选人的脑海中，低学历者总会不知不觉地因此自卑又因此抗争，所谓由于不停赶路而忘记了出路。

任何群体若要跨越不属于自己的圈子，需经历怎样的内心风暴和艰难险阻，只有当事人知道。在所有圈子中的套路也都是如此相似，与不同圈子的人搞好关系，努力维持某种人设，保持某种带有目的性的友好……面对如此多的竞争如何筛选，最好的方法也只能是看学历。英雄不问出处，但如果不知道对方是不是英雄，就只好问一下："您什么学历？"

2. 跟对人

"跟对人"是老话，对也不对。在几十年的职业生涯中，你跟对人的概率大约为1%。我们都是在跟着别人走，这里是指工作方面，而不是情感方面。

陆月琴，一个温婉的江南女子，蹙眉的时候有点儿像某影

视明星，眉间有道皱纹，略显刚猛。在卫康宁公司工作了近
10 年，她以为会在那儿干一辈子，在 GE（通用公司）工作了
3 年，又来到华山公司，这是一位高中都没有毕业的女士。

"我中学毕业就工作了，有个老乡在北京打工，带我来了
卫康宁公司。公司的主要业务就是做医疗器械销售和生产。我
来的时候公司只有十来个人，老板人特别好。我就住在办公
室，办公室所有的活儿，像打字、复印、接待、订餐、打扫卫
生我一个人全包了，大家都离不开我，老板也总说'有事儿
找小琴'，我一直觉得我能在这儿干一辈子。"

卫康宁这种小公司为陆月琴提供了一个半封闭的小圈子，
她和同事相互依存，彼此照应。陆月琴在这 10 年间获得了难
得的成长机会，从一个最普通的员工成长为公司的骨干，重新
建立了信心。

"我真是把这里当成了家，公司的事情就是我自己的事
情，有一次我们要和北京大学医学部做业务，我去拜访北京大
学医学部的一位副校长，人家嫌弃我们是小公司就不见我，而
我就在他们的楼门口等。我发现这位副校长住在学校里，每天
骑自行车上下班，我就在楼门口帮他擦自行车、修理自行车。
后来这位副校长实在不好意思了就在回家路上和我聊聊天，问
问我们公司的情况，把我送到学校门口他再回家，有时候他还
骑车带我到学校门口。"

我再一次认真打量起她。陆月琴有一张平淡无奇的脸，蹙

眉之下那丝刚猛会让你既不想看她第二眼却又无法忘记。

"这么说，您在卫康宁公司工作的这些年真的是收获很大啊？"我尝试半评价、半引导地把陆月琴从回忆中拉回来。

"可以这么说吧，我最开心的那段经历就是我在卫康宁公司工作的 8 年，那个时候也没有结婚，我每天都在工作。老板对我也特别特别好，非常信任我，带我跑业务认识了好多客户，那个时候我们的业务成长也特别快，那几年的业务每年都保持 100% ~ 200% 的增长率，同事像我的家人，我现在经常做梦梦到那个时候。"

虽然隔着屏幕，我依然能感受到扑面而来的光芒，这是一个需要归属感的人，我认为。

"我没有上过大学，老板这样信任我也是我的幸运。"陆月琴又补充了一句。

"我记得卫康宁公司现在还存在呀，你那么喜欢那里怎么会离开了呢？"卫康宁公司曾经协助我们做过一些市场活动，这家广告公司碰巧我还有所耳闻。

陆月琴欲言又止，沉默了很长时间后她说道："那个时候我们的一个主要客户是 GE，当时一直和我们洽谈工作的是他们市场部的经理，叫梁星，后来梁经理调到 GE 医疗行业去做销售代表，他正好需要有医疗领域经验的人，就叫我去他的团队，我就去了。"

"哦？这么简单？您怎么舍得离开呢？"我打趣地问道。

陆月琴咬了咬嘴唇，沉默了一会儿，看似下了不小的决心。

"在卫康宁公司的时候好多人都说我是靠老板护着才发展起来的，我一直想让他们看看我不是靠老板帮忙的。像 GE 这样的大公司，招聘的员工都是高学历的，我这学历根本门儿都没有，终于有这样的机会，我想让大家看看，我也能和那些高端人才一样为公司效力。所以我一咬牙就去了，现在想想还觉得挺对不起卫康宁公司的老板。"

"看您的履历，在 GE 工作了 3 年，这成绩也相当喜人啊。"

"是的，我在这家大公司更加拼了，因为我知道我的起点比他们都低，所以我必须靠自己的努力向他们看齐，在很多项目上，我就是下苦功夫、用蛮力。"

"其实很好啊，这叫'结硬寨、打呆仗'，是曾国藩的典型打法，您说您学历低，不过您的悟性还是不错的哦。"

我期待一个正面的回应，结果并没有。陆月琴甚至连个苦笑都没给我，好像若有所思。

这个时候我明显感觉到这个姑娘身上散发出的一种执拗的力量，这种力量就像一个玻璃罩子把她罩在其中，逐渐缺氧……

"恕我冒犯，您这么强调学历，好像两份工作的取舍，学历因素都占了很大比重，这件事有没有影响您的心态？影响您在 GE 的发挥呢？"

陆月琴沉默了，几次欲言又止，甚至有一些轻微的啜泣，我赶紧安慰她道："抱歉啊，如果说有不方便讲的，我们可以跳过这一环节。"

　　陆月琴倔强地甩了一下头说道："是的，您说得对，学历这件事情一直是我的一个心病，所以我每次都觉得低人一等。在卫康宁公司的时候，老板给我一个机会，我就特别感激，什么事情都可以做，我把那儿当成我的第二个家，但我还是不服气，我希望有机会去搏一下。后来我跟着梁经理来到了 GE，我觉得这家公司的人都是重点大学毕业的，大多数都是研究生、博士等，我能跟他们一起在一个平台上工作，是对我的一种承认，我一定要在这个平台上超过他们。"

　　"有这个想法很正常，努力向上是人的常态，这没有问题啊！"

　　"我跟您说吧，其实这个梁经理利用了我。我有一个特别重要的客户，在最近的一次入围集采当中，客户告诉我一个重要的竞争对手在他们这儿投入巨大，也希望我们能够投入，这样的话可以保证我们双双入围。我汇报给了梁经理，希望公司能够加大投入，那时梁经理正在跟另外一个人竞争升职，他既不想让这个项目丢掉，又担心这个项目丢掉后担责任，因为这个客户非常重要，如果丢掉会影响他的晋升，但是如果做这么大的投入也会担风险，所以他就跟我说，'月琴，我肯定支持你，你就大胆投入'。于是我就带了公司的各种资源去做测试，结果到了入围的那一瞬间，我们前期的投入已经不能保住成本了，所以我们必须向公司汇报。公司觉得我们的投入超出了公司能够承受的范围，问责是谁承诺给客户去做这些投入的。梁经理说是陆月琴擅自做出的决定，公司认为是我给公司造成了损失，让我来承担全部的责任。我承担这个责任没问题，但是梁经理在跟我谈这个事的时候，完全不承认当时他对我有支持，他可能是担心打电话我会录音，所以他就当面跟我说，'这事全是你一个人的决定，我根本就没有支持过你'。这让我觉得非常诧异，一个人怎么可以因为这么一件事就丧失了基本的道德观、价值观，以及基本的诚信呢？我完全接受不了，所以我提出了辞职。"

俗话说"Join a company leave a manager"，基本上一旦你陷入与主管的缠斗，职业生涯大概率就结束了。候选人在描述类似案例的时候总会有粉饰的成分，我无法判断陆月琴离职原因的真伪，也没有动力去评判具体孰对孰错。但是，罪恶的好奇心驱使我继续发问："我看您到华山公司工作也才不到半年，为什么想离开呢？"问完之后一种无耻感油然而生，我是窥私癖吗？为什么要把一个已经受伤的人赶尽杀绝？

出乎我意料的是陆月琴并没有崩溃，她甚至从容地抽出一张纸巾擦了下嘴角，边擦边说："我知道您会这么问，这个问题我也是最近才想明白的。来华山公司也是因为一个熟人，后来我明白了，我其实还是在寻找像卫康宁公司那样的老板，这是不对的，我自己有能力不需要任何人带领了，所以我就从华山公司主动离职了，我希望能靠自己生存，不再依赖任何人。"

我再一次感受到了陆月琴浓烈的气场，虽不厚重但也足以扛住压力，披荆斩棘。早期教育的缺失给予了她单纯的倔强，让她在进入喧嚣的社会后，依然在个体的人格中保留了一份坚守。她始终难以对生活做出真正的妥协，而这种不妥协的结局，落实到个体的生存上，便是看得见的漂泊和画地为牢般的执拗。她能从这种确定性的虚无中走出来是难能可贵的，那一刻我的内心充满对她的祝福，事实上在这次面试中我才是候选人。

对于一个社会组织来说，它的规模越大、资源越多，分配的问题就越是优先于资源获取的问题。这就造成了围绕某些特定职位的争夺成为大型组织里的一个常态。在这个时候，文凭和学历就可以为一个事业单位或企业的人事安排提供一种天然的借口。每一个大型组织都会对它的职位进行精心的塑造，而它们塑造职位的方式之一，就是为这些职位设置一些门槛，针对某些岗位提出一些准入的要求，而专业文凭和学历由于打着"客观、中立，而且有用"的旗号，刚好可以满足这种需求，"利益的平衡器"也正是这个意思。正如兰德尔·柯林斯在《文凭社会》一书中提到：大型组织之所以看重文凭、拿文凭说事儿，实际上是把文凭当成一种政治手段，打着"公平、公正"的旗号，把某些人（比如体力劳动者）排除在了职位晋升的通道之外。

3. 好的主妇就是好的管理者

沈瑞华，女，10年的西软公司工作经验。从北京到山西，一直跟随丈夫的脚步，我听说过"妈宝男"，还真没听说过"夫宝女"，沈瑞华给了我一个温暖的展示。

在屏幕里沈瑞华看起来很"隆重"，"隆重"在于她居然穿着围裙，眉梢竟然还有一滴汗水在闪烁。她摘下黑框眼镜，露出真容，精巧的五官，鼻梁被眼镜的鼻托压出两个深印，白皙的脸略带苍白。她正对着屏幕笑，引人注意的是她那双汪汪大眼。透过视频看得出她坐在厨房灶台旁边，因为她笑眯眯的眼神不时地要飞向一边，我猜应该是煲了美味的汤，隔着屏幕都闻得到香味。

这是一个技术服务工程师的岗位。我在太原的业务发展得很快，需要一名当地驻场的工程师。驻场，顾名思义，需要家在山西。山西幅员辽阔，有十几个地级市，所谓省级驻场一般要同时跟进几个到十几个项目不等，省内的出差是少不了的，但相比于我这种一天要去3个城市的人来说已经是很幸福的事了。我问沈瑞华："对于山西的各个地级市熟悉吗?"沈瑞华笑盈盈地回答："不太熟悉，基本就在太原没有出去过。"这

时候我下意识地看了一下她的履历，发现她换了 3 家公司、3
个城市，北京—石家庄—太原……我很好奇，问她："怎么会
有这样的职业路径?"她笑盈盈地说："我自己是学医的，毕
业以后做了两年的 GE 医疗器械的技术服务，后来西软公司石
家庄分公司有个机会，我就到西软公司做开发了，现在在太原
的荟通软件做卫健系统 App 的维护。"GE 医疗器械属于全球
顶流，医疗器械的技术服务是一个需要精湛技艺的工作，大学
毕业就获得这样的工作应该是很好的学习提高的机会，且 GE
的待遇也是很有竞争力的。西软是一家起源于陕西的软件开发
企业，虽然也是上市公司，但是上升通道和待遇应该比 GE 差
一些，而从硬件服务到软件开发则跨度不小。第三份工作提及
的荟通软件是太原本地做药房管理软件的公司，规模和业态与
西软公司相比又有不小的差距，她的 3 份工作可谓……我无法
形容只能说有点儿乱。于是我愈发好奇地问道："您能介绍一
下 3 段工作经历都发生了什么吗? 听上去不太连贯。""我觉
得还好啦，都在医疗健康领域，而且几段工作我都做得蛮开心
的，还能了解各个城市。"说罢，她的眼睛向右侧瞟了一下，
然后迅速闪回。在她闪回的一瞬间，我又瞟了一眼她的简历，
视频面试就有这个优点——可以盯着屏幕查找资料，所以当大
家下次视频交流的时候发现对方认真盯着屏幕却不是看着你的
时候，那就一定是在开小差了。我看了一眼，她毕业于清南城
市大学，这是一家联办的学校，成立时间不长，地址坐落在北

京和河北交界的大学城。

"我们这项工作也是维护卫健领域的项目，毕竟山西十几个地级市的健康码都是我们参与开发的，需要本地团队的维护。看您从北京到河北再到山西，这一路跑下来，出差没有问题吧？""出差？恐怕不行，我……"沈瑞华又笑了，又瞥了一眼右侧。一瞬间我有点儿晕了，我甚至怀疑这是一档真人秀节目，一架摄像机正在暗处拍摄。于是，我下意识地坐得更端正了一些，收起来刚才的狐疑和焦虑，换成了一副扑克脸，正色道："我们这个岗位是需要出差的，不过都是省内的短途旅行，您有什么困难吗？""哦，没什么困难，只是我有些特殊情况。"说实话，这一刻我很想结束谈话，但是看了一眼屏幕右下角的时间，面试只进行了13分32秒，我必须再坚持6分28秒（我们有严格规定，为了尊重候选人，每次面试时间不得低于20分钟）。"那么您方便说说为什么不可以出差吗？""哦……"那个灵巧的笑容又回来了，眼睛依然瞟向一侧，我忍不住了："您现在不方便吗？要不我们换个时间？""哦，对不起，我煲了汤，我怕烧过了，您稍等下。"咻……玲珑的笑容随着眼神一起消失了，过了几分钟，时间来到了16分50秒，笑容回来了。"是这样的，实话跟您说吧，我大学时候的男朋友当时在石家庄工作，我就随他去了石家庄，嗯……后来我们分开了，我跟现在的男朋友来山西工作，他对我的要求就是照顾好家。"我面试的1500人有无数的绝妙答案，我觉得这算是一个，我竟无言以对。"哦哦哦，很好啊，我觉得您做得很棒。"

"说说您的优势吧。"我百无聊赖地随口问道，毕竟还有几分钟总要扛过去。

"我是一个好主妇，平衡工作和生活是我的优势。"沈瑞华依然平静略带笑意地回答。

那一刻我竟然出戏了，忘了谁说过的一句话："一个好的主妇就是一个好的管理者，对生活的统筹规划和对工作是一致的。"但这个念头一闪而过。

我没有资格去评价候选人的生活和选择，毕竟人类的悲欢并不相同。如果从世俗的统计规律角度来看，3段明显下滑的经历难免令人唏嘘，而且一个要求女朋友照顾好家不出差的男朋友也高度存疑。毕竟这不是推理节目，这是在面试，况且，时间也过了20分钟……

正在我愣神的工夫，沈瑞华突然说道："我只是……只是觉得现在有点儿困住了，所以才想再看看外面的机会。"

"困住了？是什么困住了您？"这句话一下把我从游离状态拉回了现实，我也不急于结束谈话了，倒是想看看这位煲汤主妇有什么困局。

沈瑞华歪着头，看着屏幕底部，像自言自语又像在回答："我学历不高、能力也不强，可是也不想就这么混下去……就是觉得有什么东西卡在那儿了。"

沈瑞华说不清困住自己的到底是什么，我更说不清。

我尝试引导她，至少把对话进行下去。

"您看啊，其实多数人的工作和生活也没多复杂，虽然要靠自己去摸索实践，也有很多经验可以借鉴，就像……就像说明书……"

"谢谢您啊，我懂了，高考之后我弄丢了说明书。"温婉的沈瑞华直接打断了我。

我无力在一场几十分钟的面试里去评价或判断某个人的人生，这会陷入一种巨大的虚无之中而无处可逃。所以，我总是在庆幸自己没有女儿，因为女儿是需要保护、滋养的代名词，至少在父亲这里是这样的。在《嫌疑人 X 的献身》一书中，数学老师石神面对不想参加考试的学生说了这样一段话："我现在教你们的，只不过够你们站在数学这个世界的小小入口。如果不知道哪里是入口，自然无法进入。我之所以举办考试，只是想确认，你们是否知道入口在哪里。"我不确定像沈瑞华这样的女士们是否知道入口在哪里，但是仿佛有一个巨大的声音在我耳边告白式地陈述：这位女士把自己完全寄托于那个拉着她走南闯北、浪迹天涯的男子，到底是天意还是她自己的选择，永远无从考证。我只能假设如果她在春意盎然的年纪能够受到更好的教育，也许就会做出更好的选择，即使依旧是现在这个最优解。

学历焦虑不只是一种个体困扰，而是正在成为社会整体层面上的一种集体困扰。

这一社会现象的背后有一个结构性的动因：因为我们身处于一个整体向上流动的社会。著名社会学家兰德尔·柯林斯在《文凭社会》一书中曾对这一社会阶段和社会状态进行了描绘和分析。他发现，在20世纪中叶，美国的整体社会氛围是希望通过自己的努力，可以改变自己的社会地位，过上富裕的生活。然而整个社会的气氛，又是金钱至上的成功学导向。社会推崇的是那种一夜暴富的成功人士，这就在无形中给予每个人很大的压力，梦想着和这些人一样，在短时间内就可以获得成功。在这个过程中，"文凭社会"逐渐形成，个人通过获得著名大学、商学院和工学院的文凭证书，获得地位更高的工作，与更优秀的人的联姻，从而获得进入具有社会经济优势圈子的机会。文凭因此成为就业、婚姻和提升下一代社会地位的"敲门砖"，围绕文凭和学历产生的竞争和焦虑就此成了社会的核心议题。

现如今我们的教育系统所发放的文凭数量，其实超出了这个社会的需求。为什么会这样呢？在兰德尔·柯林斯看来，这是因为，当下我们的教育系统其实承担着一个重要的社会功能，那就是通过把一部分适龄劳动力留在学校接受教育来调节就业市场，防止失业率攀升。同时，超发的文凭还可以制造大量原本不必存在的"闲职部门"，而这也有助于降低失业率、保障就业。很多对学历有要求的岗位，像每天文山会海的办公室职员，还有很多岗位，这些岗位的设立本身就不完全是出于提高生产效率的考虑，而是为了让这个社会上更多的人能有一份体面的工作，好让这个社会在科技升级带来的失业危机面前不至于崩溃。教育的这种功能，可以叫作"就业率调节器"。而围绕要不要让教育发挥"就业率调节器"的功能，其实形成了两种针锋相对的观点。其中有个重要的观点认为，可以把文凭当成一种类似于货币的宏观调控工具。这种观点，兰德尔·柯林斯称其为"文凭凯恩斯主义"。我们知道，凯恩斯主义的一个核心观点，就是主张通过控制市场里面的货币发放量来调节经济，而在劳动力市场里面，通过适当控制文凭发放的多少还有发放的种类，同样可以影响到就业劳动力的数量还有结构。但是，为了刺激经济而超发货币有一个副作用，那就是会引起货币贬值甚至通货膨胀；同样地，为了稳定就业市场而超发文凭，也会带来文凭贬值的副作用。

改革开放以来，伴随着中国经济迅速增长，社会中的机会不断涌现，许多人通过个人努力获得了更加美好的生活，获得了更多的财富和更高的社会地位，社会整体处于一个向上流动的状态。个人身处这样的社会中，就像身处一个海洋里快速向前游动的沙丁鱼群，稍稍慢一点儿，就会感受到压力。因此，教育作为人人必经的主要通道，在社会的整体氛围之下，就成了学历焦虑的主产地，甚至承载着就业、婚姻和下一代养育的功能重任。个体困扰始终源于社会结构，引发问题的结构性矛盾并不是凭借个体就能够克服的。

细思几孔

学历选拔不会停止，只会以"歧视"的另一面重新归来。如果非要让我给建议，我只好引用德里克·博克曾说的："如果你认为教育的成本太高，试试无知的代价。"

具体到勉为其难的层面，我只好说创造差异化是在学历无可改变情况下的一个选择。

（1）看似最不是办法的办法——继续深造，如专升本、读MBA（工商管理专业型硕士研究生），这类学历就是通行证，能读就一定要读。

坚定地忽略短期收益，坚持长期主义，人们总是高估短期收益，低估长期影响。格拉德威尔说："人们眼中的天才之所以卓越非凡，并非天资超人一等，而是付出了持续不断的努力。只要经过一万小时的锤炼，任何人就都能从平凡的人变成超凡的人。"只要练习了一万小时，就有了成为领域内领先者的希望，无论天赋和出身。可以确认的是，单方面技能的提升，免不了大量时间的积累。

（2）不要乱跳槽，"双非"二本、专科依靠跳槽找到心仪工作的概率太低，只有长期耕耘才能体现价值。

请相信一个看过1500个候选人的体感，至少相信统计数据，不排除"双非"二本、专科生中有大器晚成的人才，但是大器晚成大概率不是靠跳槽，而是靠自我完善，长期耕耘的自我完善。

（3）做手艺人。创造某种单方面技能点碾压：单纯在某一个领域是专家级别的存在，属于技能点碾压，这种差异化通常比较难以取得，因为这个需要长时间付出大量的努力才可达到。每种工作、专业都有与其相关的专业性技能。比如程序员专精于编程或架构等，作家专精于写作，运动员专精于个人运动类型，等等。这其实就是一个知识/技能壁垒，我会的别人不会，我知道的别人不知道。

（4）多种技能互补。因为我们每个人都是独一无二的，就像某些人为了出名需要给别人留下记忆的印象点，所以通常给自己设定一个"标签"或一个"人设"。那么，在生活中，我们每个人也可以创造出自己的人设，而这个人设就是我们独特性的名片。而这种独特性的创造，完全可以给自己带来更多的机遇。多方技能互补：比如会编程的同时懂理财，那么就可以利用编程的技能来加速理财学习的进度（一些数据抓取分析）；会演戏的导演、会导戏的演员、会编剧的导演。这就是现在社会比较推崇的交叉性人才，交叉性技能也会创造更多的创新点，这也可以成为我们打造差异化的着重点。

第三章

从开始就做个"强硬"的人

"强硬"的人在职场中更"成功"。

——题记

心理学家凯利曾经说过："一个人的行为是由其预测事件的方式所引导的。"是否做个"强硬"的人体现了对职场的基本判断，就像对人性本恶还是人性本善的基本判断。从我的体感出发，职场无所谓善恶，就是一个斗兽场，对于多数普通工作者来说选择马基雅维利的功利主义是最优原则。无论是个体还是组织，扩张都是宿命，它的规模越大就需要越多的资源，而获取增量资源的难度总是大于分割存量资源，因此分配的问题总是优先于获取的问题。强硬、冷酷、杀伐果断的个性将优于随和、宜人的个性，更有利于在短期存量博弈中胜出。

具体到我给自己直属团队招人的时候，"太软、太面"的人一般都不要。原因不言而喻，他们需要和外部、内部竞争，很多时候没有道理可言，如果"太软、太面"不敢去直怼，就需要我出马，那会是很尴尬的事情。

1. 阿庆嫂的杀破狼

刚工作那年，我经常去东单体育场踢野球，仗着年轻、体力好、速度快，结交了很多球友。有一次，中国农业银行总行足球队准备到大连分行踢球团建，碰巧办公室主任和我是球友，于是他就邀请我去当外援，我想都没想就同意了。踢完球之后大连方面组织聚餐接待，我代表总行出战自然也被奉为上宾，几个属地分行领导还殷切地和我谈起了合作，提到了一些具体的项目。这种席间的攀谈就是一些客套，我也没太当真，返京之后这事儿就没再提起。

没过几天，我们公司东北区域有一位大姐突然跑来质问我，她叫李洁庆，我们私下都叫她"阿庆嫂"。阿庆嫂质问我为啥跑到她负责的地域去拜访客户挖墙脚，并扬言这种行为伤害客户利益、破坏公司规定。我刚工作不到一年，遇到这种蛮不讲理的质问还是第一次，虽然觉得对方的行为和泼妇无异，但毕竟秀才遇到兵，竟然无力反驳。后来她发现我是一个新人"小白"，并无实际行动发生，于是她就给我立了规矩，以后去她的地域无论什么原因必须先通知她，而且到了所谓她的地域一切行动听她指挥，美其名曰保持公司在客户侧的一致性。

接下来的几年，公司东北区域的业务一直不温不火，但是阿庆嫂的影响力不容小觑。虽然她的口碑毁誉参半，但个人加官晋爵的速度如火箭一般。彼时，我也算是"懂点儿事儿了"，终于明白阿庆嫂的这种"强硬、霸蛮"看似粗野无理，实则充满无法计算的算计。首先，彼时公司的业务处于上升期，政绩的好坏评估全靠谁能获取上级的关注及资源。阿庆嫂对周围同僚炸裂般的六亲不认，充满攻击力的表达，一方面使上级误以为此人有原则、不结党营私，另一方面也使其成为上级不可多得的"打手"。企业业务处于上升阶段的时候，大家都比较包容，毕竟山不转水转，只要不掀桌子，多点儿少点儿都可以细水长流，所以企业内部气氛比较融洽。而融洽的气氛让上级感到缺乏内部竞争，所以每当需要"鲶鱼"的时候，阿庆嫂都会挺身而出，和上级扮演黑白脸，从而得到上级赏识。其次，她远超平均值的侵略性又让竞争者敬而远之，毕竟在和平年代但凡有点儿自尊的人都不会和泼皮无赖一般见识，很多时候能让就让了，反而在仕途方面较少遇到竞争，所谓"竞优不行我就和你逐劣，你拉不下脸你就输"。再次，阿庆嫂的"强硬、霸蛮"充满算计。有一年公司空降了一位高管，彼时阿庆嫂的主管正在竞逐那个职位，而"空降兵"的到来刚好挡住了这位主管的上升通道。之所以公司从外部请"空降兵"并非否定阿庆嫂的主管，而是因为这个位置太重要，而公司董事会尚未下定决心重用阿庆嫂的主管。阿庆嫂和她的主管敏锐地觉察到了这一点，既然"空降兵"不是天选之子，于是二人就先虚与委蛇地主动迎合，而"空降兵"一心为了业务也乐得和下属同心同德，而这二人在某一次"空降兵"的关键失误面前突然向公司举报"空降兵"的种种瑕疵，甚至诋毁"空降兵"的个人道德操守，终于让董事会痛下杀手，赶走了"空降兵"。而在这一过程中，阿庆嫂扮演了主打角色，她的主管反而扮演了无辜的白月光，而她的主管本来就是这个岗位的重要人选，经此一战更加树立了自己出淤泥而不染的良好形象，进而顺理成章地获得了这个职位。当然，阿庆嫂在战斗中作为冲锋陷阵的排头兵，自然在事成之后获益颇丰。

阿庆嫂是典型的马基雅维利主义的践行者。所谓马基雅维利主义，简单地说就是一种主张为了世俗功利的成功，人有权在手段的选择方面具有更大的弹性的人生哲学。

多年以后我又偶遇阿庆嫂，她已经赚得盆满钵满，却与多家企业和个人产生了各种民事纠纷，也算求锤得锤了。

其实，我们绝大多数人并不热衷于捍卫道德体系，我们并不会自觉地、自发地和自愿地想成为更崇高、更美好、衣着更优雅和口气更清新的人，真相是我们只想摆脱少数顽固派不停地骚扰，于是不得不按照他们定的规矩行事。如果我们把"成功"定义成"财富积累"，比如收入和存款的话，那么从表面上来看，是的。研究发现，高宜人性的人比低宜人性的人挣钱更少，且这种效应在男性身上更明显。这也体现出性别刻板印象的影响，因为温和、体贴、有爱心这些宜人性特征通常被认为不符合传统的男性性别角色。研究者们把这种现象总结为职场上的"好人惩罚"。

另外，从进化角度来说，对他人有利可能会对自己不利。比如，非常亲社会的高宜人性者，可能会为了维系良好的人际关系而牺牲掉一些工作效率；或者，在该据理力争的时候回避冲突、一团和气;再或者,因为好说话而承担了一些本来不属于自己的工作责任,然后还任劳任怨、鞠躬尽瘁……这些似乎都与人们一般意义上觉得的那些"成功必备特质",比如"坚定""果敢""进取""六亲不认"等,相去甚远。

回到阿庆嫂的特质,"攻击性和侵略性"在危机四伏的远古时代是存活下去的必要条件,随时掠夺资源及对无处不在的威胁保持警惕,是我们的祖先得以在强敌环伺的捕猎时代生存下来的原因之一。当然,现代社会不再有那么多捕食者,所以过于灵敏的代价就会被放大,那些被担忧的事情有可能从来都没有发生过,并且可能永远都不会发生,这个对于高神经质的人来说就是一种不必要的消耗。不过一旦真的发生危险,高神经质的人就可以因为他们灵敏的威胁监测和响应系统,而获得更高的生存概率。

2. 过度的宜人性

总有一些候选人,你只要看到他的简历就想直接拍板让他入职,沈榕就是这样的一个候选人。

沈榕就职于一家互联网企业,是我当时所在公司的直接竞争对手。作为首席架构师,沈榕带领了一个 8 人的小团队,分别在数据治理、数字孪生等方面有着不俗的实力。而且过去 4 年,沈榕带领团队在江苏地区支撑了多个领域的项目,而我恰恰就需要一个能够在长三角一带深耕的技术带头人。既符合我要求的即战力，也符合发展潜力要求，能够发现这样一个候选人，我的口水都快流出来了，我甚至都有一丝丝的怀疑：这么优秀的人才，友商怎么可能放他走呢？

这是一个既忧伤又无奈的故事，沈榕与其说是在面试不如说是在倾诉。

他看起来既年轻又苍老。苍老的是头发，他少白头，头发像一簇雪花。但他的面孔很年轻，轮廓清晰柔和，戴着一副眼镜。30多岁，身板过于精瘦，衣服有点儿晃来晃去，走起路来总是带有那种风尘仆仆的感觉。说话的时候口气谦和缓慢，略微有点儿湘西地方口音，直率单纯。

"我看了您这边的工作要求，我觉得我是可以胜任的。"沈榕的开场直接而平静。

"谢谢您的信任，沈同学，请允许我叫您沈同学，我们公司经常称呼同事为同学。上一轮面试官把您的情况跟我做了汇报，我了解您在各个方面都做出了很多的成绩，但是我也有一些疑问。咱们就简单直接地沟通，好吧？这也是我们公司的工作方式。"我再次强调了一下。

"没问题，您讲。"沈榕脸上依然挂着温和的笑容，但是看得出来，笑容当中有一丝落寞。

"您在过去4年的工作业绩是可圈可点的，每年的职级考评，正如您提到的也都是一等的档次，那么我想请教一下，您离开贵公司，加盟我们团队的原因是什么呢？"

沈榕沉思了片刻，尴尬地笑了："上一轮面试官也问过这个问题。我对自己过去4年的工作成绩还是比较满意的，只是在职级发展方面没有达到我的要求，所以我希望来贵公司能够在职级方面有一个发展。"

这样的回答并没有出乎我的意料，沈榕是一个比较坦诚的人，看上去这么谦和的人，能够把自己的诉求直接表达出来，虽然风平浪静，但是能够听得出在这背后的压抑和委屈。

"理解。我还有第二个问题，如果仅就您简历当中呈现的成绩来看，即使在你们公司，也应该有正常的职级提升，为什么过去4年您没有得到提升呢？您有什么需要跟我交流的东西吗？"

沈榕表现出了一丝为难，坦白地说我并不希望候选人在我们的交流过程当中感到一丝一毫的难堪，我觉得那都是我在作恶。

于是，我又给他做了部分的心理疏导："您不要见外，我并不是去戳您的痛处，我更想帮您一起看一看，过去这4年发生了什么。实话说，以您的实际工作表现，除非有我们不得而知的事情，我看不出为什么您在当前的职级待了4年。

"请相信我，我本人一方面是面试官，同时您知道我们公司是有要求的，希望我们是最重要的人力资源的发掘者。所以，我还有另外一个使命，作为人才的发掘者，不管我们面试的结果如何，希望在这次面试当中我能获得真实的反馈，您能够获得帮助，而不是简单聊了一个小时的天。"

沈榕抬起了头："还没有哪位面试官跟我这样交流过，既然您这么坦诚，那我也跟您实话实说，过去4年我其实算是很不顺的。您知道我们的公司，包括您的公司也应该有同样的规定，就是连续两年获得一等职级考评是有机会通过绿色通道直接升级的。"

我点了点头，我们同类型的公司都有类似的规定。这个规定只是纸面上提到的候选人有资格通过绿色通道升职，但是最终的升职与否要由上级主管审批。这是一个默认的规则，除非有重大问题，一般情况下连续两年获得一等职级考评都会通过绿色通道获得提升。

"我连续两年获得一等职级考评，可在下一财年年中提升的时候，我的直接主管换人了，新任主管以对我不了解为借口说再考察我半年，我当时为了配合新任主管的工作就没有提出异议，毕竟他刚来，需要平衡关系。半年时间，的确对我的了解可能还有欠缺，而且他跟我说，以我过去的一贯表现，再给他半年时间，如果我依然还是一等职级考评的表现，他在那个时候再为我提升晋级就是水到渠成的事，这样他的工作压力也比较小，以免让别人觉得他来了之后没有原则就提升下属。结果他给了我非常重的工作量，且我的团队不能加人，到了年底考评时自然我的职级考评没有那么好，没有获得一等职级考评，他就借故说'你看这个结果我也没办法了，因为你今年的考评太差，所以我没有办法给你升职'。而在这一年当中他扶植了另外一个人，我才明白他在这个过程中其实就是刻意来打压我的。本来所有的业务都是我一个人负责，他把我的业务一分为三，任务工作量不减，但是所负责的客户少了，所以压力就变大了，他是故意的。"

"那您没有去争取过吗？"

沈榕苦笑："上级领导的事情，我不知道他们是怎么想的，我一直不擅长跟他们打交道。"

"那这个岗位您已经做了4年了，轻车熟路，其他方面没有提升吗？"

沈榕的脸更苦了："由于我们的业务板块一分为三，他把主要的两个板块给了他的两个亲信，我现在所负责的领域就是原来创新孵化的两个领域，在发展的过程当中有很多困难，自然整体的绩效表现就不如另外两个部门好，所以当我跟这位新任主管交流的时候，他竟然跟我讲'你看你的体量太小，虽然你在孵化创新方面有能力，可是你的亮点不突出'。我想说的是亮点突出的领域被主管您拿走了呀，算了，我也吵不过他们……"

"沈榕，我非常同情您的遭遇，也为您抱不平，但是我想再问您最后一个问题，如果重新来一次，新任主管来了之后要把您的业务一分为三，还要给你们3个一段赛马的时间，而基础都是您打好的，那么您还会接受这个安排吗？"

沈榕彻底沉默了，眼神变得很空洞。咬了咬嘴唇说道："花总，我真的没有办法回答这个假设，即使退回去的话，我可能也没有更好的解决问题的办法。我就是这样的一个人，逆来顺受，我并不想发生冲突，而且您也知道，即使我反抗，可能也于事无补，毕竟他是领导。"

是的，其实当我问这个问题的时候我也有了答案，任何一个人回到两年前那个状况，基本上也没有反抗的余地，但是直接就"躺平"接受显然也不是一个最优解。基于宜人性的高度配合要看对方是谁，还要考虑对方是不是一个"混蛋式"的主管。如果说一定要做一个抉择，那么在第三年就是新任主管来到的第一年时，就应该做一些争取，毕竟前两年他是符合通过绿色通道获得提升的，没有去升职，完全是由于配合新落地主管的工作。后来由于工作的调动原因，造成接下来的一年不能够通过绿色通道的方式去升职，这至少有部分的责任不在于沈榕，所以应该在这个时候进行一次斗争，以便让新任主管知道自己不是任人宰割的。当豺狼还在游荡，你就不能放下猎枪。

职场讨好型人格很普遍，一个悲伤而简单的事实是，这些思想、情绪和行为的汇聚，本意是要带给你爱和安全的连接感，却总是南辕北辙。如果你有长期讨好他人的习惯，你可能会感到精疲力竭，因此你会避免和别人打交道，因为这样你就不会被激发去努力讨好别人。如果你一次又一次付出，却没有得到应有的认可，你就会因为害怕再次受伤而避免和他人接触。长期戴着"随和"的面具会让他人很难见到你真实的一面。将自己的想法、感受和意见深藏于心，他人无从得知，也就很难发展深入的伙伴关系。

3. 隐入烟尘

会议室的玻璃门看起来明亮轻盈，可体重没有过百斤的宋娟推起来还是显得吃力。她进门的时间是下午 5 点，夕阳正照在她干净的额头上，柔软的刘海在光晕中越发枯黄。她毕业的前两年在一家咨询公司工作，最近一份工作在飞腾公司，离职原因——裁员。

宋娟是一个很机灵的候选人，在飞腾公司她负责一个创新业务的整体运营。通过一年的努力，她把团队带到了一个新的高度，但因为这是一个全新的领域，她的营收增速很高可绝对值并不高。彼时年终绩效考评的时候，她的上级领导给了她一个最低分。小姑娘对于这个结果无法接受，做出了与自己柔弱外表不相符的选择，她坚持向上级领导反映并坚决要求对自己的绩效考评进行复议。在复议过程中，她的上级领导提供了一系列的考评资料，小姑娘面对公司的审计，详细地核对了上级领导提交的材料，竟然在材料中发现了几处数据错误。由于上级领导在举证证明宋娟业务未达标的过程中，提供了错误甚至虚假的数据，公司审计部门判定宋娟的绩效考评结果无效。重新考评后，宋娟的绩效考评从最后一档上升到了中档。

本来以为一切都告一段落，不承想到了下一年年中，飞腾公司进行了大规模裁员，而裁员的名目美其名曰为"业务优化"，宋娟不出意外地被上级领导圈定为裁员对象。当宋娟质问上级领导被裁员是否因为绩效考评时，上级领导的回答斩钉截铁，本次裁员与绩效考评无关，就是因为业务收缩，宋娟的部门关停并转，所以宋娟不被需要了。可是宋娟质疑：做同样业务的团队不止一个人，为什么是她被裁？上级领导却回应这不在回答范围内，宋娟如有异议可以申请法律仲裁。宋娟柔弱的身体里迸发出了巨大的能量，她主动咨询了律师及劳动部门，然而，最后的结论是她被裁员合理合法。

宋娟在向我叙述种种遭遇的时候，脸上充满倦怠，年轻女孩应有的光泽在她脸上完全看不到。她穿着十分得体，甚至还是某种名牌的职业装，但是整个人看似有某种营养不良。她所流露出来的气质，既不是那种与生俱来的优越家境所带来的淡定，也不像苦苦奋斗后所获得的自豪感，而是微微带着一点儿惴惴的、不安的神色。我想这都是因为她的上级领导借助飞腾公司裁员公报私仇，造成宋娟成了一个没有职业安全感的女孩。在面对新的雇主时，她既想表现出真诚坦荡的一面，又想抓住一点儿什么的那种渴求。

对于宋娟的遭遇我深表愤慨和同情，我知道这是一名中年男人的本能反应，作为一个职业管理者我不应该让情绪蒙住眼睛，但我更不能让理智蒙住心灵，我能做的就是果断给她一个重新相信这个职场江湖的机会。

细思几孔

李敖说过，驯兽师最大的秘诀就是他明明怕野兽、怕猛兽，明明力量远远不如这些猛兽，可他就是不能让这些猛兽知道，他要让这些猛兽以为拿着鞭子的这个人比我厉害，因为他比我厉害，我不敢去试他到底比我厉害到哪里，所以猛兽才会乖乖地听驯兽师的话。因为这是一个永远不可能改变的强弱关系。所以一旦这只老虎或这头狮子愿意试一下，到底拿鞭子的这个人有多大的本事，那就完了，驯兽师就被它吃掉了。但这就是一种关系，不是你的实力强于对方，而是对方不了解你的破坏力有多大，与他付出的成本是否相符。在这种状况下，敌人突然之间就没有办法伤害他了，他就有可能再平衡彼此的关系。

（1）消灭"混蛋"法则。

斯坦福大学教授罗伯特·萨顿曾经提出一个"拒绝混蛋守则"。萨顿在著作中给出的建议非常具有批判性，如只要出现一两个蠢货，就会毁掉原本健康宜人的工作环境。规则，只有加以遵循和执行才是有效的。"把规则说出来，写下来，然后付诸行动。但如果你不能或不愿遵守这一规则，那么还是什么都不说为好。"鉴别"混蛋"的最好方法之一就是观察他们如何对待权力比他们小的人。

从目前的情况来看，我认为光拒绝还不够，必须基于规则消灭"混蛋"。

几年前我在一家互联网公司任职，彼时空降了一名集团领导，这名集团领导作为我的直接主管号令三军。此时在我的团队中新进来一位比较能干的一线经理，我着力培养这位经理人。这位经理人在几个月内就迅速得到了各级领导的赏识，尤其跟我的新任空降领导走得很近。彼时人力资源管理比较严格，为快速发展业务，我对于稀缺的人力名额比较看重。此时这位经理人推荐了一位自己的小弟，我看了一下候选人的简历，基本不符合我们的要求。我依然安排了一次面试，果然这位小弟的许多方面不能达标，此事便告一段落。没过多久，我的空降领导找到我，他说他见了这位小弟，希望我把他招进来。我当时思考了大约5分钟，便坚决地拒绝了。我告诉空降领导，此人我面试过，各方面能力都不够，完全不符合公司要求。在已知被我拒掉之后，那位经理人依然越级申请"觐见"，这完全不符合流程，属于违规操作。主管领导也无权要求下属接纳不符合规定的候选人，如果一定要接纳，就请安排到其他团队，在我这里是不行的。此役过后，我顺利地拒掉了这位违规人员，与相关各方在接下来相当长的时间里达成了恐怖平衡，在某种程度上这一举动清晰地展示了我的行动原则，也起到了杀菌治脚气、净化环境的作用。

因为我们要把"混蛋"拒之门外，就意味着不必保持友善。我曾经有一个平时相处很融洽的同事，一度还成了我的下属，为人温文尔雅、不徐不疾，他偶尔也会向我咨询一些业务细节，我基本上都是知无不言。直到有一天，我的一个重要客户向我的另一个下属咨询，听说我司有位高级领导要去交流，我的这个下属非常诧异，以为我要"微服私访"。于是，战战兢兢地问我是否有此行程，我先是愣了一下，接着就反应过来了，可能是有人撬单。于是，我便告诫这个下属不必声张，注意观察看看何方神圣前去访问。几天之后，"探马"来报，假扮高管去访问客户的竟然是我那个温文尔雅的同事，我经过再三确认后找了这位温文尔雅的仁兄。我是这样说的："听说你和我的某某客户交情甚密？"我的同事先是一愣，很快回答道："这玩笑开大了……"其实这句话就已经暴露了他的一切，因为如果他没有去见我的重要客户理应直接回应我的问题，他的这种反应透着惊慌。我也没有不依不饶，平静地说："这个客户已经被公司注意到了，正被监管机构审计中，其间有很多利益输送情节，任何人去触碰都有陷进去的可能，极端情况有牢狱之灾，之所以我没有正面接触，是因为一切都在掌握之中，我在暗中观察。"我的同事也算明事理，坦诚道：

"是有个朋友带我去见过这个客户，朋友之托我不好推辞就顺水推舟帮了个忙，其实也没做什么。"说到此处态度已经很清晰了，既然他知难而退，我也就没必要赶尽杀绝。

（2）拒绝他人操控。

在他人操控你的手段当中，贯穿着一条共同的主线：他们想当然地认为，作为人类，纵然不完美，你也"应当"努力做到十全十美。如果因为条件限制，你无法完善自我，那你至少也"应当"去完善那种有人情味的、通情达理的做事方式。假如你自己也这么想，就很容易被他人用形形色色的方式操控，这些方式只有想不到的，没有做不到的。

首先，不要急于去帮助他人，所谓"医不叩门"。

假设人们需要被照顾，而你是那个需要去照顾他人的人，这会让你迅速采取行动，尤其是如果你对他人流露出的可能需要帮助的迹象保持高度警觉的话。当这种情况在不知不觉中发生时，你可能在还没看清楚状况时就迫不及待地去帮助他人，而其实他人可能并不希望或不需要帮助。通常大家都想自己打理自己的生活，在这种情况下，他人的"帮助"就会被视为干预或横加干涉。这些行为给双方都会带来意外和痛苦的后果。比如说，自己主动提供帮助却被拒绝后可能会感到很受伤，而另一个人可能会觉得唐突，感到自己被人冒犯了。

我曾经在两家500强企业打工，手里多少有一些资源，在那期间总有一些民营企业家，尤其是一些初创企业家围绕在身边。他们经常会一口一个老板吉祥，把我哄得晕头转向的，然后通过喝茶、吃饭毕恭毕敬地请教一些问题，无论是组织建设方面的还是业务方面的，几乎涵盖"小升初"的全方位科目。我总是知无不言，言无不尽，毕竟帮人挣钱胜造三级浮屠，况且这些认知我藏着掖着也不会增值。很多创始人也多次明里暗里表示"苟富贵，勿相忘"，我也被激发得爱心泛滥，每每遇到一些商业机会就会自觉地主动推荐给他们。久而久之，我以为我们之间建立了一种默契，具体就是我给你导流输血，而你在恰当的时候以恰当的方式给予回报。随着时间的推移，这些公司的成长肉眼可见，而我"想多了"，也是肉眼可见。当你意识到被利用了的时候，渐行渐远已经是最好的结局了。

其次，要勇于说不，不取悦他人。

操控你的人会反复告诫你，你有许多缺点，你必须努力完善自身，弥补人性带来的缺点，直到你在各方面都尽善尽美。虽然你很可能无法尽到这一义务，但你还是必须完善自我。他们会给你指出自我完善之路，并且你有照做的义务。要是你不照做，你就是一个堕落、懒惰、道德颓废、毫无用处的人，不值得任何人包括你自己尊重。在我看来，这种观念是一种终极的"愚人把戏"。假如你真的以为，自己事事都应当完美，那么，你就会产生失望和受挫感。其实，不管这种"完美"的标准出自他人还是自己，你都有说"你并不在乎是否完美"的权利，因为一个人的完美在另一个人看来，往往就是不完美。

基于此，经常会有这样的时刻，你答应了别人的请求，但是后来又纳闷，自己到底在想什么？对于许多讨好型行为模式的人来说，"不"这个词是一种禁忌，因为它是招致冲突的"幽灵"。你可能会快速地适应别人的需要，以至于会情不自禁地说"是"，做出这种直接的、反射性的反应。这个过程可能发生得太快，你甚至没有意识到你没有时间，也没有履行承诺的意愿。最终，你可能感觉自己像一个受苦受难的人，对另一个人充满愤懑，同时也对自己盲目屈服感到气愤。在你努力讨好他人的时候，你可能会戴上快乐的面具，有时可能会面带着虚伪的微笑，以避免可能存在的不满。这种长期与人为善的性格掩饰了你的弱点，遮蔽了你对绝对认可的渴望。

基于这种判断，你应当拒绝为取悦他人而实施的"完善自我"行为，这个世界只有自己值得取悦。每个人，最终都得承担起确保自己一生的心理健康、幸福及成功的责任。尽管我们彼此可能有许多良好的祝愿，但我们并没有为他人创造精神平稳、健康或幸福的义务和能力。你可以按照别人的要求去做，暂时性地取悦他/她，但那个人必须经历所有的辛劳、汗水、苦痛，以及失败带来的恐惧，才能让自己的生活变得健康、幸福。尽管你可能对他人麻烦缠身深表同情，但人生的现实就是，每个人都必须面对生活中的种种问题，并学会自己解决这些问题。

第四章

爬升阶段别被“自我”压垮

让自我成为自我的陌生人。

——题记

"普洛克路斯忒斯之床"（Procrustean bed）是一个神话故事，大意是说普洛克路斯忒斯开设黑店，拦截过路的行人。普洛克路斯忒斯特意设置了两张铁床，一长一短，他强迫旅客躺在铁床上，身矮者睡长床，强拉其躯体使与床齐；身高者睡短床，他用利斧把旅客伸出来的腿脚截掉。由于他这种特殊的残暴方式，人们称其为"铁床匪"。后来，希腊著名英雄忒修斯（Theseus）在前往雅典寻父途中，遇上了"铁床匪"。忒修斯以其人之道还治其人之身，他强令身体魁梧的普洛克路斯忒斯躺在短床上，一刀砍掉了"铁床匪"伸出床外的下半肢，击败了这个拦路大盗。

每个人心中都有自己的"床"，直到有一天被打破……大约 2000 年前后，互联网泡沫正在破灭，我刚刚走出校门……

我学的专业是计算机软件，毕业时正赶上互联网方兴未艾的大潮，找份工作还是比较容易的。那时候我心浮气躁，不安于任何一家企业，短短半年就换了两份工作，都是当时比较知名的互联网企业。2000 年中期，陷入了短暂失业的状态。我看着《计算机世界报》上满满的招聘启事，以及各种媒体上的工作机会，仍然很不以为然。尽管我只有一年多的工作经验，依然有很多猎头公司来找我，让我沾沾自喜。

7月的一个午后，刚下过一场雷阵雨，我按照事先约定来到了嘉里中心。雨后的斜阳照在绿色的外层玻璃上，反射出暖暖的光晕。我在楼下一边呼吸着雨后清新的空气，一边欣赏着豪华写字楼进进出出的各色人等。空间里飘浮着激动的气氛，令人焦虑而又很愿意在这儿眯一会儿眼睛，所谓那些热心于"事业"的人，他们的心情大概就是这样的吧。作为小镇青年，我对于这种传说中的高档场所还是心存神往的。这次是一家资深的猎头公司约我面谈，说是该公司的北京代表处要寻找一个面向运营商的客户代表。

该猎头公司位于嘉里中心的16层。一走进办公区，紫檀木的屏风直接给人一记压抑感，紫色的窗帘、木质的沙发和茶几，让这里显得雍容又神秘。走过前台是几个会议室，接待小姑娘把我引进了一间叫作泸沽湖的房间。房间里的摆设很别致，木质桌椅，完全不像我之前的工作环境，桌子中间有一个小小的茶台，我第一次见到那么小巧精致的茶具。后来我回忆喝茶的习惯冥冥之中是那时被唤起的。透过会议室侧面的窗户，可以看到东三环的车流，一时间还有点儿憧憬，这是我第一次很期待和一个人见面，因为这会改变我的命运。

就在我左顾右盼的时候，人事专员走了进来，她穿了一件浅色青花瓷的短袖，头发不长，瓜子脸，眼角微微上翘，嘴角挂着职业的微笑，面部表情有一点点紧绷，眉宇间有一丝丝清冷。寒暄了几句之后，人事专员让我陈述一下自己的简历和求职的方向。其实我当时心里对两段工作的失败经验颇有抵触，出于虚荣心我轻描淡写地一带而过。

"我毕业后应聘的第一家公司是一家民营企业。它主要是做金融信息化的，我觉得他们的管理比较乱，我希望能够去一家正规化、系统化的企业工作。我应聘的第二家企业是一家外资企业，当时我觉得外资企业比较规范，应该可以学到正规化的知识，但管理团队其实都是台湾同胞，公司管理还是'人治'且有点儿装腔作势，所以我就离开了。我觉得在我这个年纪多接触一些工作，就会多增长些经验和教训，这些都将是我的财富。接下来的求职方向我没给自己设限，只要有利于我发展的都可以尝试。"说罢我还故作轻松地摇头晃脑笑了笑。对面这位人事专员脸上仅有的笑容已经没有了，她非常干脆地问我："那您是想选择软件行业呢？还是想选择硬件行业呢？是想选择金融行业呢？还是想选择通信领域呢？还是想选择互联网领域呢？"

那一瞬间我就像呛了一口冰水，为了掩饰慌乱依然笑着回答："都可以呀，反正我现在年轻，多学习多长经验呗。"说完又故作无意状望向窗外，故意不看她。这位人事专员稍微皱了一下眉说道："这几个行业的差别还是很大的，您有哪些经验可以支撑您在这几个行业里存活呢？"我露出了一贯满不在乎的样子回答道："无所谓，如果存活不了，遇到失败也正常呀，多学东西呗。"

其实我的本意并非这么随意，只是以当时的能力根本无力回答这样的拷问，而我又不愿承认自己是那么不堪。人事专员正色道："我告诉您，不要认为自己很年轻，很多互联网公司的创始人、总监和您的年纪差不多，而且我还告诉您，真正的成功者绝少遇到失败，他们都是经过深思熟虑后才去挑战一些东西的。您不要以为失败是一件特别正常的事，那些一帆风顺的人早就规避了失败，而您到现在为止已经换了两份工作了，这不是一个好现象。这样吧，我们就不要耽误彼此的时间了，今天就到这吧，再见。"

我至今都想不起来我是怎么下的楼，料想那个年纪短暂性失忆是不可能的，用失魂落魄来形容也是褒奖自己。很庆幸我在大学毕业的第一年就遇到了这样的醍醐灌顶，可以直接去面对真实。我的"床"没有那么完美，我遇到的失败都是自己虚荣的自洽造成的，这是真实的失败，并不是我主动选择的。研究表明，只有所犯错误接近正确答案时才有教育意义。还好，在我从业之初有人帮我矫正了跑道，让我的方向没有偏离太多。

1. 你愤怒说明你心虚

真相不容易使人接受，特别是当真相挑战或伤害你的自尊或信仰时。当我们试图证明或解释真相与个人信念的差异，以减轻认知失调的痛苦时，心理抵触就产生了。——《用事实说话》（〔美〕马克·墨菲）。

那件事发生在一月最后一个星期二的下午，我坐在兵戎科技公司的吧台里喝着热茶。兵戎科技公司的老板自己拥有一个茶庄，他的办公室装饰得就像一个大茶吧，足有 100 多平方米，从门口走到老板的办公桌可能要走十来步。站在老板办公室的窗口（二十几层高楼的窗口）可以俯瞰北四环人来人往的车辆，在阳光灿烂的日子，也可以一眼望到连绵起伏的西山，令人心旷神怡。虽然我并不喜欢这样的奢华环境，但是坐在这样的一个办公室里，整个人的心情还是非常愉悦的。茶吧靠里面是我的老位子，我总喜欢坐在那里，与客户会面、和他人聊天，以及消磨晚上的时间。

大约下午两点，人力资源部门的同事领来了一个浓眉大眼的小伙子。小伙子看上去 30 来岁，上身穿一件灰色高领衫和一件咖啡色夹克，眉宇间汗毛很重，鹅蛋脸型，微胖，皮肤有些暗沉，头发不长很浓密，也许是过于浓密抑或是疏于打理显得有些凌乱。开始说话的时候，无论什么话题，小伙子总是习惯性地蹙眉，眉宇间本来就有些皱纹，一蹙眉就增加了些许阴郁，与当时的天气有些不太相称。

我给他倒了一杯茶，是单丛，茶里透着浓烈的木屑般的香气，是我很喜欢的那种茶香。他礼貌地表示了感谢，脸上并没有任何的笑容。他叫郑刚，毕业于北方交通大学，目前所从事的工作是他的第二份工作。他早期在公安部的某研究所工作，从研究所出来之后来到了当前这家公司任产品经理。寒暄之后我开始请教他业务场景，之所以说请教，是因为我对产品经理抱有天然的好感，我认为产品经理可以化无为有，还能够把需求转化成解决方案，这是我很尊重的一种职业。

他描述了自己非常骄傲的一个场景："那是一个一体化网格监测平台，用多源异构的数据及边缘计算手段成功实现针对社区的实时采集、实时布控。这套方案的优点是，利用了各个社区的老旧监控设备，没有一味地要求把原有感知设备换成新设备，保护了用户的投资。"这样的创意和落地能力，坦白地说我当时眼睛都亮了。这是一个非常难得的产品经理，难怪我的技术团队会推荐给我。这么有创意的员工原公司怎么肯放走呢？我略有一点儿狐疑，于是问他："在原公司有没有遇到什么困难？"一开始，小伙子回答："没有什么困难，我从工程师做起，到后来带了二十几个人的产品团队，做得很愉快。"他用一种冷静、不带感情的语气说着这些字眼，听不出抑扬顿挫。不过从他僵硬的表情和略带怨恨的眼神来看，所谓做得很愉快，并不是由衷而发的，更像一种类似于标准答案的照本宣科。

于是我问他："离开上一家公司的原因是什么？"小伙子回答："因为发展空间受限制。"我问他："从工程师到带领二十几个人的团队，看不出有什么限制了你的发展啊？"小伙子阴郁的面孔又袭上了一朵乌云，略有焦虑地回答道："老板把我的资源不断调走，都去前端交付项目了，让产品研发的进度一拖再拖。"我问他："老板为什么要把产品研发的资源调到前端交付呢？"他说："我也不知道。"我进一步追问："可不可以分析下当时的环境，为什么要调走您的资源呢？"郑刚迟疑了一下，有点儿不情愿地说道："老板可能觉得前端交付更重要。"于是我就问他："如果您觉得不把您的资源调走，前端交付会不会出问题？""也许会吧。"郑刚随口回应道。

我又问他："那您有没有想过用一些创造性的方法去帮助公司解决前端交付和后端产品研发的矛盾呢？"他回答道："产品研发做好了，前端交付的压力自然减轻，所以我认为他们应该把资源都放在产品研发这里。"我继续问道："那您敢保证资源都投入您的产品研发当中，产品研发的进度就一定能够顺利吗？"他说："我保证不了。"我说："那既然您也保证不了，为什么要对资源的调动产生这么大的反应呢？"他不讲话，我再次追问："有没有想过，如果当时自己做出一些改变，是否能够给公司带来更进一步的变化？能否解决了刚刚提到的那个矛盾呢？"他的嘴角撇了撇，迟疑了片刻说道："咱们能不能不纠缠这个问题？"

于是，我换了个话题，"可不可以谈谈您对市场上类似公司的一些理解，您觉得哪些公司做得比较好呢？"郑刚两眼放光，眉毛一扬说道："现在市场上有一些公司还是做得不错的，而且很有活力。比如有一家公司叫作蓝盒数据，他们就把大量的资金都投在产品研发上，通过多元数据的汇聚，在多维的施工范围内进行碰撞。他们的产品名叫月光宝盒一体机，可以对社区、街道、网格的管理实现无缝衔接，这款产品之所以做得好，就是集中了资源来做产品研发，这一点是我非常欣赏的。"

世界上有些事情就是这样魔幻，这家蓝盒数据碰巧是我之前曾经投资过的，虽然只是很小的股份，但我作为原始股东之一，也参与了公司兴衰的全过程。蓝盒数据开始的定位很好，后来由于在经营方向上合伙人之间产生了分歧，导致了他们分道扬镳。在一次融资之后我把股份转售给了另外一家基金公司。这个小伙子所描述的画面是我非常熟悉的，因为当时在做新一轮融资，为了提高公司的知名度，打造了这样的形象，希望朝这个方向去发展。但真实的情况不是这样的，融资过后那个项目并没有向下进行。郑刚显然只是看过一些宣传，获知了虚幻的信息后就断定这家公司比自己所在的公司要更加良性。我并不想因为这件事情去影响我对他本人的判断，所以我又换了另外一个话题。

我问道："在过去的职业生涯尤其是产品经理生涯中，自己最重要的特点是什么？"郑刚正色道："我是有执念的产品经理，您看上海社区那个场景，那是一个可以广泛复制的解决方案，如果老板给我足够的时间和资源，那个项目一定可以做成。"我好奇地问："我们假设一下当时的场景，如果您是老板，您可以调动所有资源，您会怎么做？"他迟疑了一会儿回答道："假设没意义，那几个项目组用虚假的信息欺骗老板获得支持，我也没办法，我就算是老板也看不清楚。但是，我知道的是竞争对手蓝盒数据就把这个项目做成了，也把这款产品孵化出来了。"出于本能的反应，我下意识地询问："您根据什么判断其他项目组的信息是虚假的呢？又怎么能够判断您说的那个竞争对手把这款产品孵化出来了呢？"

郑刚绷紧了下巴，很狐疑，抬起头，眼睛凝望着我，一字一顿地说道："我不想再和您争论这个问题了。"

谈话进行到此，空气中已经充满敌意。于是，我给小伙子又满了一杯茶，水流在打转的同时我盘算要不要把一些事实和他讲讲，片刻之后放弃了这个念头，毕竟面试规则规定不得向候选人提供有误导性的反馈。其实如果做个统计，大家很可能发现"抱怨"是职场中耗时最大的话题。每当你愤怒的时候就说明靠近了真相，愤怒只存在于对自己无法掌控命运的崩溃。直面真相是成本最低的事情，现实成本和心理成本，还是老生常谈，尽量控制情绪，不要愤怒，因为能够让你发怒的事情一定是你失控的部分，而愤怒于事无补。我相信郑刚是一个好的产品经理，总有一天他能够找到自己向上的通道，但不是今天。

2. 我的成功可以"复制"

我们的大脑有一个功能，它会把我们生活中经历的事件、接收到的信息，我们内心的想法和反应，以及我们做出的应对措施等这些东西整合起来，形成一个有序的、自洽的整体，从而构成我们的"自我"。这个由大脑所建构出来的自我，就叫作"叙事自我"。如果不够自知的话，会有什么问题呢？你所构建出来的"叙事自我"很可能是彼此矛盾的、难以相容的。这就会造成我们常常会遭遇自己无法逾越、无法克服的"认知障壁"。我们被这些障壁阻断，无法越过去，也无法绕过去，因为在我们的"叙事自我"里面，这些障壁本是不应该出现的，但实际上，它们就是出现了，而我们的经验无法理解它们的存在，也无法解决。这其实就是许多人在生活中常见的问题和困扰的来源。

一个阴雨连绵的黄昏，天空中的雨雾和着雾霾飘在衣服上，格外油腻。我在望京的办公室迎来了一位候选人。因为天气不好，考虑到候选人可能会打伞，我特意安排了一间大号会议室，大约可以容纳 10 个人。进了会议室我就后悔了，桌子太宽了，坐在桌子两端的人距离很远，这不像谈心而像谈判。人力资源专员说候选人路上堵车会晚 10 分钟，我正好趁这个时间再次仔细阅读候选人的简历。候选人叫方立志，是一家叫精益互联的北京负责人。精益互联这家公司我听说过，在自然语言处理领域有很强的实力，是一家创业仅5年的公司，总部在杭州，得到了某互联网大厂的投资。方立志，毕业于一所不知名的大学，在某地方的国企工作一段时间后，被这家初创公司的销售副总招进来负责北京业务，一举完成了多个区县的舆情采集系统工作。上一轮面试官的评语引起了我的注意："自己摸索了独特的地推方式。"

方立志，中等个子，方脸，戴了一副黑框眼镜，我请他坐下，他随即掏出了钢笔和纸，一副准备开会记笔记的样子。按照常规套路，我请他首先进行3分钟的自我介绍。很快地，我们的交谈就进入了立志的节奏，他从安徽老家来到北京，先是在北京无线电有限公司工作，后来加入精益互联这家初创公司，通过个人的努力把这家杭州公司的北京分公司从无到有再打造成今天的样子，说到精彩之处能够感受到他的自豪。我很好奇，他是怎么在竞争中脱颖而出赢得这么多客户的。他很自豪地说他的秘诀是：诚意。他们是一家小公司，品牌拉力很小可以忽略不计，技术优势只是单点，而他更多的是靠自己的能力。他的秘诀是这样的：他能写一手非常优美的毛笔字。说罢他从包里拿出一幅字，是非常令人隽永的——《兰亭序》。

我非常钦佩对方的书法，于是赞赏地问道："您会把墨宝送给您的客户是吗？"立志得意地说："不仅仅是这样，我会用毛笔写亲笔信，写给我想要触达的客户。"我愣了一下：

"可是您怎么邮寄给您的客户呢？很多陌生客户的地址您也不知道吧？"立志微微一笑，"我知道他们的单位地址就可以了，我会去传达室等，或者交给传达室的工作人员，一般领导的物品他们都不敢怠慢，肯定会送达。因为他们会以为是私人函件。"我很疑惑地问："收到您的信的领导难道就一定会给您回信吗？"立志回答："不会，但是我会每到节假日就给他们发去我的亲笔信，然后选择恰当的时间打电话给他们，告诉他们毛笔字是我写的。"我问道："那效果怎么样？"立志回答："还可以，有几个重要客户就是这么结识的。"我狐疑道："这样会不会给客户造成压力？""我就是想给他们一些压力，这样他们才能记住我，否则我们这样的小公司，是没有机会认识那些领导的。"

我依然好奇，于是问道："您可以分享一个成功案例吗？""可以啊，比如邢台市公安局的舆情监控项目，我就是连续发了3封信，然后又登门去拜访局长，局长让科信的负责人接待我，而我们公司的产品本来就很优秀，只是缺少一个机会罢了。其实我做这些也是受了唐骏的启发，他在学校门口每天堵着校长，我只不过是投递了几封信而已，成功看来真的是可以复制的。"说完方立志把钢笔放在桌子上，钢笔跟笔记本平行，他咬着下唇，眼睛望向窗外，似乎在深思这句话。

一瞬间我略微僵住，这种"交浅言深"的套路就像外面的天色，雨虽然停了天却黑暗下来——夜幕犹如一块暗色的牛仔布，斑驳的夜色是北京夏季独有的。显而易见，我无处可逃，方立志一直在等我回应，我只好故意慢慢地转过身去，和夜色一起沉寂。

我没资格评价方立志的表现，只是他让我联想起了过去曾经共事过的一个小伙子，名叫石景予。石景予是西北人，非常耿直，做事情认真而执着，不达目的誓不罢休。他当时在上海工作，非常符合我们的招人原则——苦大仇深，我委任他负责"江浙沪包邮区"一带工作。

这个小伙子有个特点，经常会做一些看似没毛病实则让人别扭的事情。比如，某个下午他突然出现在了我的办公室（在北京），我很诧异，当年的创业公司经费比较紧张，员工出差都要经过我的批准。我问他："你来北京干吗？有客户会议还是有什么特殊的事情？"石景予很认真地回答："这几天客户都在外地培训，我没有事做，所以来北京向总部的同事好好学习。"我问他："那你怎么没有提差旅申请？"他说："为了不给公司增添负担，我自费来的，有一个亲戚家在北京，我正好住在他们家。"我苦笑了一下，很难说这是一个多么错误的举动，毕竟我们公司当时也标榜敏捷组织、简单文化，在可控的范围内，员工自主做一些决策无可厚非，只是有 4 个字涌上我的心头叫作"不合时宜"。我善意地提醒了他，很多事情不要想当然，你希望来北京学习应该提前和同事约好，并制订好学习计划。

这件事情过去没多久，石景予又出了"幺蛾子"。江苏省某市的农业农村局组织了一个全区的产品交易会，我们公司承办了线上展销工作，由于线上流量低于预期及客户方的运营团队缺乏经验，使得展销效果雷声大雨点小，并未实现销售额目标，但是交易会整体还是取得了成功。在答谢宴会上，该市主管副市长走到所有外协单位的桌前，礼节性地感谢了所有外协单位，并逐一给予表扬。其他单位都客套性地表达了感谢及未来的决心，到了石景予这里，在副市长鼓励完毕之后，石景予非常真诚地回应道："我们做得很不够，在××方面没有达到预期。"当他说这些话的时候随行的客户方已经觉得很没面子了，最后石景予又倒满一杯白酒，一饮而尽表达了自己诚挚的歉意……这件事让业主方非常不满意，一方面连副市长都定性的一个胜利大会让石景予当场否定了，另一方面石景予虽然表达的是我们公司的歉意，但事实上把客户方的相关部门也牵扯进来了，让大家全都下不来台，承受了很大的压力，而他自己却完全无感。

石景予是我职业生涯几次招聘失败看走眼的一个典型，后期当我再遇到一些非常笃定且行动异于常人的候选人时总是心有余悸，并非偏见只是担心我们这些平庸的用人单位无法承载他们的价值。虽然人都是有限理性的，强行自洽自己的逻辑是每个人都会做的事情，但是你有你的自洽，社会自有自洽。

我有一个同学，他以万花筒的形式展示了当一个人强行自洽时的破坏力有多大。

杨子俊，大金空调中国公司的销售总监，应该说这是一份稳定踏实的工作。但是在读 MBA 期间，大家都以商界人士自居，每一个同学都把自己在商业方面的才华尽量展示出来，就像孔雀开屏。杨子俊在同学面前说，其实自己就要创业当老板了。他告诉大家，他手里有几个好的版权项目，如果做成影视作品是一定能够成功的，于是他尝试投资去拍一部电影。这部电影需要融资，他在班级发起了资本的融资，起了一个名字——百湖基金，班里还是有一些同学去投的，果然他找了一个剧组拍了一部电影，但很快这些钱就打水漂了。毕竟他的专业是卖空调。在此之后他又迷上了培训行业，彼时张邦鑫的好未来刚刚上市，其实他想借培训之名来做房地产，这个比较有吸引力。当然，他坚定地认为自己是对的。他拿出他的商业计划给我看，他说在中国每个城市要有一个高端的网球场，立体的网球场，我跟他讲这方面我真的不懂。他说，能不能借给他几万块钱作为他的周转资金。同学嘛，既然他有困难，我还是要帮他一把的。最后他又告诉大家他准备从事机器人工作，据说后来他去做了元宇宙，又去做了 NFT，当然我们都不知道他到底去干什么了。但是每一次子俊都把自己包装得非常完美，我从他身上感觉到是一种强烈的自洽在驱使着他，我相信每一次他都说服自己了。当然了，欠我的钱至今也没还，我也希望他能够发达，但是这么多次职业的转型，几乎没有看到他一次成功。当然世俗意义上的成功不重要，我几乎没有看到他一次真正地交付大家的信托责任。一切只是为了他自己的自洽。

3. 只要我不醒来世界就不存在

候选人是我曾经效力过的公司的一位高层领导推荐过来的，这是一位身居要职的领导，我对这位领导非常敬重，对他推荐的人自然抱有极大的信心，可是信心有多大失望就有多大。

任辉，黑黑胖胖，中等个头，除了脸上有几道中年人常见的痤疮疤痕，整个人看上去很懵很无辜。我们的交流从开始就有点儿不太正常，基本上我会和候选人相对平稳且松弛地去交流，而任辉在我面前的坐姿，让我有一点点不舒适。他侧面对着我，每次回答问题的时候，眼神总是看向窗外，不时地辅以喃喃自语和点头称是，如果此时进来一个陌生人，很难看出这是一对一的面试，更像我作为一名记者在给一位长者做访谈。

任辉一直强调自己是从"草根"打拼到该公司山西省负责人的位置的。之所以想考虑我们公司，一方面是有一位老领导盛情邀约，另一方面是他认为现在的公司束缚了他的发展。当然，几乎所有的候选人都会表达出志存高远的样子，而当前的公司束缚了他的发展，我对此没有什么兴趣。我并不在意当前的公司有多束缚候选人的发展，而更在意的是候选人在被束缚的情况下曾经做出过怎样的成绩。同时我更在意候选人有什么样的特质可以在一个新的环境下继续披荆斩棘。

在我介绍岗位要求的时候，很常规地告诉他，我们的工作压力和强度非常之大，比如所谓的周末加班，所谓的长期出差，这些都是常态，所以希望候选人能够有所准备。

任辉立即分享了一个故事。故事是这样的，20 多年前，他离开家乡出去打工，有一次到吉林省的一处工地去追讨尾款。那是位于吉林省松花江畔的一个木材厂，四周都是深山老林，没有旅馆，在那个年代，这是很常见的。任辉说当时客户方没有如期支付尾款，他为了能够盯住客户，就在深山老林的一个护林员的木材棚子里边生活了大约两个星期，床是自己用木板搭的，吃的是自己外出寻找的食物，在他经历了这件事之后，就没有什么事情克服不了了。

我必须得承认，这是一段非常令人钦佩的经历。虽然我有一些怀疑，但是能够在这种艰苦状态下挺过来是非常难得的。于是，我又请教了他在山西开展工作的细节。

"山西有一家龙头企业叫作晋云科技，是地方国资的龙头企业，您和他们合作得怎么样？"

"合作不多，净互相'打'了，在文津项目上被我'打'出去了，后来再找我，我没搭理他们。"

"文津项目？"这个项目我听说过，坊间传言资金划拨迟迟不到位，且与大型水利工程相关，建设周期漫长，很多企业都望而却步。

"文津水务，一共 3 期，项目投资 40 多亿元，是我负责。我想齐总也跟您说过吧？"

他所谓的齐总就是之前介绍他来面试的公司高管，不过对方并没有提及具体项目。

"哦，齐总没说这么详细，您能介绍介绍具体情况吗？"

"这个项目我从上到下都搞定了。"

"相信您的能力，我希望了解一下具体细节，比如方案设计、招采流程，以及具体分工的分包计划，还有您的主要抓手在哪里？"

任辉听我啰啰唆唆说完之后愣了一下，"您不相信我？"

"哪里哪里。"任辉这么一问，我还有点儿不好意思了，看着他很放松甚至很享受的样子，似乎无意把他最优的一面客观展现出来。

"这么大的工程一定很复杂，方案制定过程相信您肯定遇到了很多困难，能略举一二您是怎么解决问题的吗？"我换了个问话的方式，更加聚焦落地细节，看似轻松其实对任辉来说还是有压力的。

"困难有很多，不过这是几个领导都同意的事情，所以方案这块就不成问题了。"说罢任辉习惯性地看向窗外，某个瞬间甚至像在和窗外的人打招呼，当然这里是 30 层，如果真有人和他打招呼那也是很神奇的事情。

我其实非常希望甚至期待任辉能展现出思想上的投入，在对待业务上的真诚和坦率，而任辉似乎一直徘徊在自己的剧场里，而他的整个剧场并没有我的存在，或者说我只是他的一个听众，并不是他的搭档。

细思几孔

敢于正视自己的不足，才能少一些挫败感，多一些轻松感。

日本著名企业家稻盛和夫刚就业时，还从来没有在大城市生活过，他说话时带着浓浓的地方口音。当时，每当电话铃声响起，他不得不接电话的时候，他都恨不得由别人来接听，以免自己的口音暴露，遭人耻笑。直到后来，他慢慢意识到："我从乡下出来，社会上的事情什么都不懂，缺乏常识，因此必须从最基本的东西学起，比任何人都要更努力，否则，我就无法成功。"慢慢地，他开始正视自己存在的口音问题，坦然接受它，不再刻意掩饰。没想到，这样做，反而让他如释重负，后来，每当他遇到类似的事情时，他都会坦然承认，自己就是有很多弱点，然后去努力改正。人活着，本就该千姿百态，就像树一样，高高低低，错落有致。与其纠结自己的弱点，总是耿耿于怀，不如潇洒转身，学会接纳自己。

"做最好的自己"是最大的伪命题。

弗里德里希·威廉·尼采认为，如果把一切悠闲的沉思都从生命中剔除，那么人将毁于一种致命的积极性。当前的人是一种纯粹的劳动动物，无须外界压迫，自己就会主动地剥削自己。这种主体既是受害者，本身也是施暴者，用流行的话说就是"对自己狠一点、做最好的自己、我能……"。韩裔德国哲学家韩炳哲提醒我们——"生活"正在被简化为一系列欲望指标的满足。现在很多人推崇多线程工作法，他们想象，所谓工作中的强人是可以对时间做出精确而完美的规划的，同时对自己即将要完成的任务有充分的盘算。制订合理有效的工作计划，让多个任务并行不悖。韩炳哲有些尖刻地提醒我们，只有那些陷身于荒野被迫求生的人才会在生死安危的压力之下呈现这样的状态。一个正常生活和工作的人实在没有必要把自己搞得这么紧张。我们总是设想一种高效的、自我驱动的主体状态，但是忽视了生命本身需要一定的节奏感，也需要一定的放空。

以上是我转述袁长庚老师的一段论述，条理清晰地展示了爬升阶段候选人（姑且允许我用这个狭隘的词）的内心剧场。我们成了自己的雇主，自己监督、自己催促，为的就是让自己的生命"创造最大的价值"。用这种酷刑把自己逼上绝境，也把自己困在一个伪命题环绕的幻境。

雨果说："被别人揭下面具是一种失败，而自己揭下面具却是一种胜利。"

做人要真诚，直接面对真实是反复博弈利益最大化的选择，无论是物质成本还是心理成本，都是最优解；对于自身技能的错误评估，则会让年轻人做出错误或不利的职业选择。如前所述，当人们所获得的职业能力与技巧还很匮乏时，出现这种错误评估自我的可能性就很大。就这一点而言，年轻人在这方面会吃亏：偏巧在他们进行职业选择的阶段，尤其会出现错误评判自己的风险。最后，还需要阐明的一点是，对自己的（轻微的）高估会带来某些好处：那些对自身的评判高于其实际情况的人，会倾向于对个人的生活更为满意，他们也会更受欢迎，且拥有更多朋友。

"知道真相很痛苦"是老生常谈，"真相不像毛绒绒的、舒适的毯子"就是原因之一。我们听到伤自尊的信息会觉得不舒服，因为这类信息将打碎我们已有的信念。承认自己做错了事情，或者仅仅部分承认都属不易，即使这样做对我们有利。当被真相刺痛时，为了保护自己免于疼痛，我们会想办法中止对话，拒绝倾听，甚至抵制真相，但我们的所作所为并非总是有意识的。

人们近乎疯狂地去狩猎般驱逐外在，在某种程度上是被内在过量的"我"压垮逼疯了。

第五章

职业高原期的"新参者"和"案内人"

江湖地位高了伴随的是缺氧。

——题记

每到晚上 8 点左右,微信朋友圈或其他平台上总是充斥着各种培训讲课的内容,每一位讲课的老师好像一夜之间长大成人了,其中不乏大批自己都活得灰头土脸的人跑来给别人传道授业解惑,这充分说明好为人师是不治之症。这不仅仅是自我认知过高的原因,还是事实上很多能力是无法迁移的原因,但是依然给候选人幻觉。进入这个职业阶段我通常称其为高原期,江湖地位高了自然会缺氧。

1. 资深者的"高位截瘫"

那是一个温暖而悠长的 9 月,阳光把上地软件园照得华丽耀眼,西山蜿蜒的山峦在火红的色彩中妖娆起舞。周日午后的空气温暖、干涩,含着一种实实在在的充实感,就是这种感受让北京的 9 月成为一年当中最美好的月份。我坐在北京上地软件园的会议室,等待一位客人,也期待一场充实的会面。

候选人要从上海过来,时间一直不确定,这天碰巧有时间，所以人力资源专员临时给我安排了面试。虽然周六加班是互联网企业的常态，但是周日下午大家还是会选择休息的。此时办公楼里人已经很少了，与窗外火热的艳阳相比略显冷清。我穿了一件圆领卫衣，本来平时就是 T 恤衫配牛仔裤，周末就更加放松随意了。反正在我们这个行当，T 恤衫与牛仔裤近乎标配，也就没太在意。彼时我是一家初创企业的联合创始人，刚刚获得了数亿元的 B 轮融资，在那个资本的寒冬，这种体量的融资在业内还是一件令人瞩目的事情。近期公司业务发展迅猛，扩张得很厉害，在全国各地都有布局，我倒是很难得享受片刻的宁静。人力资源专员跟我交代过候选人的背景，是一位定居在北京的男士，因为长期外派，在各地漂泊 10 余年，最近非常希望能够回到北京发展。从履历上看这位候选人在两家大型企业工作了多年，会同时负责好几个区域的工作，是一个年富力强的中年男士，名叫叶伟，英文名叫 Tony。

下午 4 点钟，会议室的门被推开了，一位中年男士探进半截身子，狐疑地望着我，问道："这里是 308 会议室吗？"我赶紧站起来说："您是叶先生吧？我是 Tanly（我的英文名字），一直在等您。"叶伟长出了一口气，打量了一下我，略有不耐烦地说道："太难找了，我好像也没看到前台接待人员。"我赶紧解释："周日上班的人少，您见谅。"（我们的办公场所是梦想空间孵化器，是半开放的环境，会议室和活动区都是共享的，作为初创企业这种环境既时髦又节省成本，我们通常会把准确的信息包括时间、地点以短信的形式发送给候选人，也预留了联系电话，但由于是周末，的确缺少接待人员，当然即使工作日，专职接待也不是必备的）

落座之后我递了一瓶矿泉水给他，叶伟有一张圆圆的脸，也许如他所言找了好久有点儿着急的原因，两腮已经透出红润，大大的眼睛很明亮，脑门已经透出了汗珠。寒暄几句之后我请他介绍一下自己的情况。他表述得非常简单，近乎惜字如金："我2004年到2010年在迪成公司工作了6年，从销售经理做到销售总监，2010年至今在泰华公司做区域主管，现在是华东团队的领导。"迪成公司是通信设备制造商，而泰华公司是世界500强企业的互联网基础设施集成商。叶伟在这两家公司工作了十几年，可谓是系出名门。

我很虔诚地请教道："叶总，能介绍下您这些年的一些重要经历吗？"他没有直接回答我的问题，语速很慢却略有不耐烦地反问道："我听猎头说你们华北地区的总监岗位有空缺？如果有这个岗位，我们可以谈一谈……"我说："当然可以。"（事实上我们空缺好几个岗位，"京津冀"、山东、山西、河南，从叶伟的履历来看他能够胜任好几个岗位）于是我就整体的市场和我们的需求做了一些简要介绍，叶伟再次打断我，略带骄傲地笑着说："老兄，这个领域已经是红海了，再这样做会'死'掉的。"我眼睛一亮，赶紧请教他判断的依据和解法，叶伟得意地说道："性能监控这个领域很多公司都在做，很多主机厂在出厂的时候就会随机赠送一部分监控设备和软件，虽说现在是互联网时代，但原理都一样，大同小异。"我发现他把我们和某一类型的传统企业搞混了，于是想给他解释一下我们做的事情与其他传统企业有哪些本质的区别，还没等我开口，叶伟把胖胖的身体向后靠到椅子上，伸了伸懒腰，深吸一口气，略显神秘地说："解法是有的，但涉及一些商业机密，最好和你们老板直接聊聊。"一瞬间，我明白了，他误会了，因为我介绍自己用的是英文名，不是网上能查到的那个联合创始人的名字，接待室是普通会议室，不是老板那种大班台会议室（当然我们也没有），衣着打扮太像码农，言谈举止也没有气吞万里如虎的霸气……让他误以为我只是一个行政人员，所以不想跟我多说。于是我赶紧又自报了家门："抱歉啊，Tony，我叫花满楼，英文名 Tanly，我就是这家企业的创始人之一，您有什么话都可以和我直说，不要有顾虑。"Tony 怔了一下，微微皱了皱眉，脸上掠过一丝无可奈何的表情，我赶紧介绍性能监控和应用侦听的区别，说实话我不知道 Tony 有没有听进去我后来的介绍，当然有些技术细节即使认真倾听也未必能够完全把握，在多次尝试把话题引回业务本身的过程中，不知是技术细节的确晦涩难懂还是 Tony 已经觉得交流索然无味，总之后来的近 30 分钟我们并没有探讨出任何触及灵魂的话题。最后的结尾只能说还算愉快，但这种愉快显然无法填满那个美好的下午。

想到叶伟的面试总会让我苦笑,我无法真实复盘当时他的心路历程,只能凭借点滴线索来还原现场。泰华公司是业内顶尖的公司,叶伟十几年的服役时间让他以为其他优秀的公司可能都像他们公司那样。但是时代在变,初创公司并没有那么奢华的办公场所,初创团队也没有那么多非富即贵的大佬。也许这一错觉在叶伟进入办公区却无人喝彩那一瞬间就早已注定,这哪像刚融到几个亿元的高科技企业。所以他可能有一点儿愠怒,进而误以为见面的只是小兵,和预期的老板见面不符,所以表露出如果你不能拍板就不要跟我再谈了,换你老板来的意思。当然,也可能他只是被猎头忽悠来的,也可能他有其他难言之隐。不过,我相信叶伟肯定是有能力的,在泰华公司十几年的履历说明了这一点。也正由于这种能力和位置,造成了他比较自我,对于外界的输入反馈略有钝化。

2. 资深者的温室效应

我曾经是一家世界 500 强企业的中国区首席代表,能源行业是我们重点关注的行业,我们计划在山东省设立一个办事处来发力能源行业。作为世界 500 强企业,战略的出台是很慎重的,经过多方论证,一旦决定要做就是碾压的方式。山东省是重要的区域之一,因此我们准备寻找一个领军人物来组建山东省的业务团队,开拓山东市场。

山东开源集团候选人王一楠进入了我们的雷达视野。王一楠，38岁，从一个基层业务员做到业务处的主任，算是国企体制内的精英力量。由于山东开源集团的客户和我们的客户高度重合，彼此又有上下游的关系，因此我们判断王一楠的经验和人脉完全可以和我们无缝衔接，至于实战能力能否驾驭当前的局面则需要我去和他聊聊才能得出结论。

面谈是在济南贵和假日酒店咖啡厅进行的。王一楠，中等个子，略微有一点儿胖，穿了一件短袖的浅色衬衫，这种有领子的短袖衬衫是国企员工夏天参加正式场合的标配。王一楠介绍了自己的履历，学生时代就是团委书记，来到开源集团之后从基层业务员做起，一步步做到现在的位置，即开源集团能源大客户部的主任，带一个30人左右的团队。

王一楠先谈了他对业务的看法，他认为开源集团是本地国企，在当地有着天然的优势，和本地各级政府都保持着良好的关系，因此在过去很多年业务开展一直很顺利。但就因为是国企，很多决策、机制都不够灵活，往往是只赚吆喝不赚效益。而在精细化运营方面，由于待遇提不上来造成人才留不住，使得精细化运营流于平庸，很多大项目谈下来了只能转包给有能力的企业去做，自己只能做皮包公司，内功迟迟练不出来，队伍也建不起来，造成销售额连年增长，效益却不见增长。而由于开源集团在当地的影响力，不少人又把三亲六故往集团里安置，造成很多人浮于事的情况，反而市场竞争力不如其他中小企业。对于我们公司，他还是有所耳闻的，他认为作为世界500强企业，产品和技术在业内是有目共睹的，缺少的就是本地的人脉资源，他有能力且有信心帮我们在本地开拓市场，并取得成功。

由于这是体制间转型的案例，我了解完业务情况后，就转型离职的动机与王一楠交换了意见。王一楠告诉我："希望转型离职的动机主要有两个：第一，虽然十几年的耕耘业绩很好，但是体制原因，收入一直不理想；第二，当前虽然是公司一方诸侯，但是公司内裙带复杂，协调各方面利益关系心力交瘁。"他的理由其实在我的意料之中，体制内的精英谋求跳出体制多数是由于以上原因。

听罢王一楠对业务的看法后，我深表认同，但是知道为什么和知道怎么做是两码事。于是我问他："新业务开展往往会有很多意想不到的困难，一楠先生有没有过这样的经历，面对新环境用一己之力开创体系、开创新局面，如果有，可以分享一二吗？"王一楠沉思了片刻，看得出他是在思考，事实上很多候选人在某家大型机构工作了十几年，虽然经历很多，但大多是和平年代的事务性工作，由于环境所限，战斗的经验反而不一定有很多。用人方期待的从来都不是顺境中的执行者，而是需要自成体系的造风者。我期望能从王一楠的答案中了解他驾驭不确定性的能力。

王一楠的回答让我既意外又意料之中，他告诉我之前有一个加油卡业务，集团内外都不想做，他请集团老大出面带他见了本地石化的老总，最后就搞定了。然后他又补了一句："其实我们开源集团的实力没问题，就是落地执行力比较差。"这个回答中规中矩，请集团老大出面并非多了不起的举动，当然也不是非常容易的事，尤其是在国企的科层制环境中，能够搬动集团首脑还是需要能力的。这是一种在官僚体制下很重要的运作能力，向内运作远比向外突破来得重要。但是这种能力并不是一种可迁移的能力，在充分竞争的市场化企业中，这种协调内部资源的压力远远小于外部竞争压力。

我又请教了他一个问题，也是一个常规问题："从工作了十几年的环境走出来，到一家纳斯达克上市高科技企业，自己需要做哪些改变呢？能否分享一二？"他回答："我会打碎自己，以空杯的心态来融入团队。"坦白说这个回答太过标准，甚至略显苍白，我更期待的是具体的落地想法。于是，我开始请教他具体执行方面的问题。

我说道："对于山东省工信厅，怎么开展工作呢？"

王一楠很自信地回应："我和时任韩厅长是老朋友，问题不大。"

"那他下面的两个处长怎么办？据说马处长和侯处长之间的关系有点儿微妙，且马处长懂技术但是负责采购，侯处长不懂技术却被安置在系统处。"

王一楠迟疑了片刻，头明显地向左偏了偏，反问我道：

"基层的工作我可以安排团队去做吧?"我说道:"您的意思是?"他回答:"客户是讲究级别对等的,如果处级、科级的工作也由我负责,那对应到高层领导就很难沟通了。"我回答说:"您的考虑有一定道理,但是在开始阶段我们的业务会逐步推进,体系需要您来搭建,初期的很多事情需要您亲力亲为,告诉大家具体怎么来做。另外,您知道我们作为一家纳斯达克上市企业成立时间并不长,我们的定位还是创业阶段,所以我们可能没有那么多的科层,说白了就是指挥员和战斗员没有明显的边界,大家都要在战斗中打拼。"

"企业给我配置什么样的资源,多少个人员?"

"这些正是我们请您来的原因,资源计划需要您根据现实情况来提出。"

王一楠没有正面回应,他反问我:"那咱们的战略到底是什么样的?"

为了打消他的疑虑我详细地说明了当前的设想,"目前短期内的投入是希望在当地打开局面,并不追求规模性盈利,在构建了一定的客户满意度和品牌优势的情况下再逐步推进,这是第一步。我们的策略是有一定连续性的,请相信世界500强企业做事都是经过充分论证的。第二步战略的落地已经有了初步计划,所以才请重量级大咖加盟一起打拼。"

他沉吟片刻,摇摇头说:"不追求规模性盈利,那么怎么去衡量我的KPI(关键绩效指标)?"我解释道:"早期打标杆树品牌阶段暂时不追求规模性盈利，我们希望利用性价比的优势来获取一些标杆性的案例，让客户真实地感受到我们的价值，所以我们才希望请行业大咖在初期就介入，和我们一起共创，持续修正我们的长期策略。"

王一楠深吸了一口气，视线望向天花板，幽幽地回应道："我不认为有所谓连续性的长期战略，比如山东开源集团作为央企在本地的投入，其政策也会朝令夕改，你们外资企业现在还只是在摸索，资源计划也没有，很难说长期计划能够实现……"

不知是王一楠最后放弃了这个机会还是我们放弃了他，总之在交流的最后阶段大家都已经有了判断，彼此都不是那个对的人。我们需要的是能够领兵打仗且自带体系的造梦者，而王一楠更希望换个环境而已，可以断定，他潜意识里最需要的不是一个新的开始，而是一个薪酬高的开源集团，其他都不变。

3. 资深者的黑化趋势

很多企业为了保持活力，每年都会引进高端人才。这种高端人才的面试一般采用"倒摘牌"的形式，就是先从高级别的领导开始面试，再逐步到职能部门，这样可以避免所谓的高端人才在初级面试中被初级部门有意无意地过滤掉。

大约在几年前，我所在的企业有过这样一个案例，当时我正好需要一位军工领域的负责人，大中华区首席代表推荐了一位候选人给我。面试是在亚运村的三国茶楼进行的，记得秘书预订的房间是我常去的"昆阳"。

这是一位天津的候选人，叫曹岚，在北京 DEC 公司有着多年工作经历。由于我们所面对的行业相对特殊，有些特殊应用和保密环节是其他开放式客户所不能比拟的。所以，这个领域的候选人比较少，甚至猎头也很难找到。曹岚出身于军队大院儿，对这个领域有得天独厚的体会，再加之他在两家企业的成功工作经验，从简历上来看是这个岗位比较合适的人选，所以首席代表在面试的过程当中给了他很高的评价。

面试开始，我们交流了一些关于业务的看法。我提到了一个问题："目前来看，由于进出口的管制及国内自主可控的产品的应用趋势，外资企业的产品怎么能够规避这方面的问题，得以顺利在军工行业当中应用呢？"曹岚眉毛向上一扬，抬起了下巴很骄傲又很自豪地说道："这些问题我都可以跟大领导直接沟通，在 DEC 公司都得到了妥善的解决，很多领导都来我们公司进行过参观指导，这都是我安排的，所以如果贵公司有这方面的问题和要求，我也可以安排。"

说实话，他讲到这里我开始有一丝忧虑，每一个优秀的候选人草率地做出这样的回应，我都会觉得惋惜。能够直接触达权力的最高层是一个企业的影响力使然，绝非某个个体的能力所及。这是一个基本的对等问题，我们的首席代表来自新加坡，他对国内的环境一方面缺乏准确的了解，另一方面我相信他也是希望曹岚的回应是准确的。我相信他也问了这个问题，他希望这个回应是真实的。

于是，我请教了另外一个问题："你们公司的数据库产品在业内是大家公认的封闭应用，对于售后服务也是需要专人来维护的，基于你们数据库产品的第三方开发也很专业，怎么能够满足在特殊的保密环境下维护和开发呢？"我这么问是因为这是我们行业内一个比较特殊的场景，产品安装完之后，第三方的开发人员及维护人员并不知道产品的安装地，也不知道使用环境，无法进行正常的售后维护。这个问题对于相关企业和产品的行销应用是有极大障碍的，我特别想请教曹岚，看他怎么去解决这个问题。曹岚习惯性地扬起下巴，很骄傲地告诉我："我说服了总部，专门给我配备了一个团队，修改了源代码，做了一套开放的版本用来支撑我的行业，这是我们公司对这个行业的一个重大投入。"

老实说这根本就不是事实，DEC 公司修改成熟的源代码不是一个简单的动作，这会对公司资源牵扯产生极大的干扰，同时军工业务占比是 DEC 公司收入的千分之几，他们不可能做出这么大的投入，且数据库产品的迭代周期很长，不是说改就能改好的。我从曹岚的表情看不出撒谎的痕迹，但是既然他这样回应，我也没有办法去查证，只能将信将疑。

于是，我又请教了下一个问题："在这个特殊行业的领域当中，由于交易的各方，考虑到涉密的一些特殊领域，中间会有多个符合资质的经销商。在这些经销商转售过程中，会有一些利益往来和利益输送，您是怎么管理这些利益输送的？如何规避审计风险及道德风险？"曹岚听到这个问题，明显能够感觉到他的嘴角掠过一丝不屑的笑容。他习惯性地掏出了烟，拿出了打火机，点燃了，点燃的同时马上询问我："您介意我抽烟吗？"坦白说烟都已经点着了，虽然我不抽烟，但也不好去叫停他，于是告诉他："这个包间如果允许抽烟那我无所谓。"曹岚潇洒地吐了一个烟圈，双眼望向天花板，悠悠地说道："这些问题我都能够摆平。你们的首席代表也问过这个问题，我是这么看待这个问题的，在中国做业务有中国的特色，我对这些不感兴趣，但是必须做的一些事情，我会很好地规避。在整个业内，你可以去打听一下我在这些方面的口碑是什么样子的。"我于是跟他强调了一下公司对这类问题的看法："我们公司对这类问题是零容忍的，宁可不做业务，也不想参与利益输送的过程当中夫，这个在业内是有口皆碑的，所以希望您在这个问题上能够清晰地表明您的态度和您的观点。"曹岚微微一笑，下巴扬起，"没问题，我把该做的业务做好、把该完成的业务完成好就对了，DEC 公司比贵公司更加老牌，也比贵公司体量大，其也有类似的要求，至于贵公司的那个要求，我会尊重的。"

关于曹岚的录用情况，我跟首席代表还有人力资源总监同步了观点。首席代表更看重的是这个人软性的一些特质，比如说他对整个行业的认知，以及表现出的信心，另外尤其他所表达的可以直达最高首长的这种能力，对首席代表很有吸引力。首席代表认为他的魄力和控制力在这个领域当中有一定的优势。同时首席代表也表达了，他并没有对曹岚实际落地的能力、真伪进行过多的审核，这也是我们后续工作的重点。

人力资源总监跟我的判断有相似的地方，尤其我对曹岚在针对利益输送方面的表述很担心。首先，我认为他在回应业务开展部分有所隐瞒，业务实操夸大其词。其次，对于利益输送闪烁其词，颇有不以为然的意思，尤其最后回应的潜台词大意就是这是大家司空见惯、心照不宣的规则，我只要摆平，不出事就可以了，你管那么多干吗？人力资源总监认为，这个人的价值评价体系有一些缺失，比如他对一些事实的认定，有意进行包装，基本的价值观也存疑。

所以，最后我们的结论是暂时不录用这名候选人。

细思几孔

向上攀登之路崎岖不平，身处其中的每个人都有可能是叶伟、王一楠、曹岚。海拔高了空气就稀薄，飘、呆、疯是进入高原期的典型表现，非要煞有介事地评论，我只能板起脸来说这种现象叫作：认知偏差，也就是邓宁—克鲁格效应。它指的是能力欠缺的人在自己欠考虑的决定基础上得出错误结论，但是无法正确认识到自身的不足，辨别错误行为，是一种认知偏差现象。这些能力欠缺者沉浸在自我营造的虚幻优势之中，常常高估自己的能力水平，却无法客观评价他人的表现。人这个物种可爱就可爱在这里，总是会把自己置于这种境地而浑然不觉，而很多企业主也经常会犯这样的错误，我不敢妄加评论这比比皆是的情况，只能再次呈现亲身经历，聊以自慰。

有一段时间，我是一家外资企业在中国的高级管理者。由于我爱好踢足球，曾经参加过飞利浦大学生足球联赛，因此我一直担任着公司足球俱乐部的主席。每到周末的时候，俱乐部会组织同事们在朝阳公园一起踢球。那是一块 5 人制的小场地，同事们平时都在出差，周末的时候聚在一起，大家有说有笑的。容纳 10 个人的场地每次都聚集十七八个人，显得有点儿拥挤。其实大家都不怎么跑动，更多的是在聊天，把踢球当成了一种社交活动，毕竟一周紧张的工作大家都很疲惫，周末踢球就是为了放松一下，简单活动也就罢了，都不会过度去拼搏，也尽量减少身体接触，以免意外受伤。

有一名同事叫石勇，是北京航空航天大学毕业的研究生，他的爱好是跑马拉松，参加过各种全程马拉松和半程马拉松比赛，对于戈壁徒步也颇有心得，看上去很精干，身体也比较结实。有一次，他来参与我们周末的足球活动，活动中他非常积极，每次跑前跑后不停地去拼抢，大家看到他不知疲倦地奔跑，也就乐得把球都传给他。因为他基本停不住球，也不知道跑动路线，所以每次都是全力冲刺去拼抢，说实话大家都有点儿躲着他，怕和他在不知深浅的碰撞中受伤，这样一来每场比赛下来他都能进几个球，也能抢断不少。这种毫无基本素养、完全不会踢球的人大家平时见得很多，参加周末娱乐活动的又都是同事，也基本没人在意这个事情。

然而，参加了几次周末的 party 之后（请允许我把这种活动称为 party），石勇主动找到了我，要求加入公司的足球俱乐部，参加一年一度的外企联赛。外企联赛是 FESCO（北京外企服务集团有限责任公司）组织的比赛，按照标准的 11 人制 90 分钟比赛规则，参加的球队都是比较有实力的外资企业，参赛队员基本都是有数 10 年球龄的"老炮儿"，甚至还有职业队、专业队退役的球员，整体的竞技水平在业余比赛中算是比较高的。我们公司虽然没有专业队球员加盟，但球员也大都是踢过大学校队的水平，且平时训练也会请一些比如国安队前职业球员来指导一二，整体水平也算中游。石勇突然提出的加入要求让我很诧异，第一反应是这哥们儿是在和我开玩笑吧？我当即婉言拒绝了他，记得大约是这样和他说的："石勇，你积极参与咱们的娱乐活动我们是欢迎的，大家周末玩儿得都很开心。但是参加比赛，尤其是标准的 11 人制的比赛，你还缺少经验，也没做好准备。"而石勇不同意我的观点，他甚至罗列了一组数据，他参加周末的 5 场比赛进了 17 个球，是进球最多的人，每次全场的跑动距离、跑动时间都是最长的，另外他抢断次数也是最多的，甚至他还列举了一个数据，他几乎包办了全场的头球，因为他发现其他同事都不去争顶头球。所以，他非常有资格进入公司的足球俱乐部，甚至能够在主力阵容中有一席之地。

听罢他的理论我简直惊掉了下巴，我无法想象一个 30 多岁的成年人，在工作中的表现也算上乘的人对待一个特定场景竟然有如此大跌眼镜的判断。我仍然耐心地向他解释："娱乐和比赛不一样，你很积极，满场追着球跑这挺好，但是之所以能进球是因为大家本来就不想防守，你抢断成功次数高，是因为大家怕受伤躲开了，还有那个头球的事情，因为大家是业余球员，还要靠脑袋吃饭，不到比赛的时候很少去争顶，你可以去东单体育场看看，那些踢野球的有谁会两个人玩儿命争顶。"石勇完全不认可我的说法，他坚持认为自己爱好跑马拉松，身体底子好，甚至比我们这些所谓的主力队员都好，所以他才能不断拿到机会，另外他认为足球就这么回事儿，他自己有能力进入公司的足球俱乐部。

交谈不欢而散，我依然以为石勇只是一时心血来潮，过几天就忘了。结果几天后我收到了人力资源专员的通知，石勇到人力资源专员那里投诉了我，而人力资源专员经过权衡认为公司的足球俱乐部是公司给员工的福利项目，不应以竞技水平为门槛，因此要求我接纳石勇加入……

石勇如愿以偿地成为我们中的一员。在接下来的一场比赛中，我们迎战一家外资企业，对方的球员虽然年纪稍大，但是身体素质和战术素养极高，几名外国球员据说还参加过低级别职业联赛。上半场我们战术非常得当，退缩防守打反击，锋线上我们有一个青岛梯队下来的球员，靠偷袭进了两个球。下半场，石勇要求上场，由于有了人力资源专员的前车之鉴，我只好让他上场，上场之前我嘱咐他："你的优势是能跑动、能抢点，所以你去踢前锋。"他也很满意这样的安排，毕竟他自认为是最佳射手。其实我这么安排是怕他破坏阵型的完整性，让他在前场活动还能保持一个完整的中后场，争取防守不出问题。结果，石勇在前场的表现如果用无头苍蝇来评价都是苍蝇被"黑"得最惨的一次，而且他多次犯规，连对手都在问我为什么上来这么一名不会踢球的"小白"。前场没有存在感，石勇又跑到后场参与防守，想要发挥他引以为傲的头球，结果可想而知，防线经他的搅和完全乱了套，冒顶、漏球、造越位失误，甚至和队友撞在一起……很快我们被对手攻进了 3 个球，后来石勇和队友的一次相撞受了点儿轻伤，自己一瘸一拐地主动下场了，我们得以稳住阵脚又扳平了比分。从那场比赛后石勇再没出现在比赛甚至周末的活动中，也可能是他认为自己的头球甚至身体素质都在真实比赛中遭到了全方位的挫败。

再遇到石勇的时候是 2018 年，他已经是蓝光科技中国区的副总裁，事业发展蒸蒸日上。我们一群老球友拉了一个看世界杯的群，大家纷纷在群里闲扯，说说自己的各种见解和花边新闻。有一天石勇说了他的一个观点，他认为有一名年轻队员必将在本届世界杯大放异彩、一举成名，我们都纷纷请教这个人是谁，他很严肃地告诉我们说是一名巴西球员，名叫：内马尔（注：内马尔于 2010 年加入巴西国家队，2018 年早已名满天下……）。

石勇的职业发展路径非常顺利，多年前的足球闹剧也只是一个小插曲，可见认知失调并不影响职业的成功。当然也许石勇故意拿我们开涮也说不定，那只能说他不应该叫石勇应该叫"峨眉峰"。

"案内人"是日语中导游的意思，也有引路人的含义。"新参者"是日语中新秀、新来的人的意思，说的是新来的人对陌生世界貌似无能为力。"案内人"和"新参者"看似是两个实力悬殊的选手一起踏上征途，"新参者"似乎手无寸铁，任由周遭或窥视或围观或窃笑，"案内人"既有安全感又有掌控力，收放自如，进退有据。真是这样的吗？其实未必，大部分人都和他们自己描述的或简历展示的形象有所差别，而和他们的行为表现更一致。"新参者"也许有着质朴的觉悟，"案内人"也许有着失调的认知，有些是高原缺氧，有些是能力超限，至少，时刻客观、务实、好奇并保持好奇才有可能抵达下一个高地。所以，之于上文的"石勇"，您说他是"新参者"还是"案内人"？

第六章

被动创业的中年职场江湖

中年危机绝不是人到中年"上有老下有小"的现实危机，而是"繁华过后成一梦"的意义危机。

——王芳

　　有这样一群中年人，他们不掌握生产资源、控制不住利益链路，却有着青春期般的冲动去寻求"独立自主"，为此不惜切换赛道，从零开始。从大企业到初创企业，从外资企业跨界到民营企业，大幅度的转身，不惜拉胯前行，在无法预料的困难和机会成本面前纵身一跃。我很尊重勇于做出这样尝试的人，无论他是成功还是失败。在我的面试生涯中也遇到过相当一部分35～45岁的中年人，他们既有一定的阅历，也有成功的经历，更有一颗驿动/躁动的心。他们在角色转换的过程中沉沉浮浮，追名逐利，找寻自己的中年之路。

　　3名中年人离奇一致，42岁，都是在一个组织耕耘超过10年，换到一家中等规模的企业，两年左右都遇到不可调和的矛盾。如都是被动出走；都和创始团队发生了不愉快；都在事后和我联系催促面试事宜；都继续在新的中等规模、相对成熟的企业打拼。

1. 换道失速

在 40 岁之前，他们做着自己并不太喜欢的工作，长时间地忍耐和期待。即便如此，也不一定能够实现目标，而且也不知道何时会被裁掉。为了不确定的东西不得不加入竞争，不断地拿出"成果"，不断地接受评价，一想到这些，对将来的不安就进一步加重，这就是大批职场中年人的内心剧场。

还记得我们初次交谈是在苏州东方之门的大堂，大堂里只有我们一桌人。

李志身高大概 1.8 米，一位略显发福的中年男子，圆圆的脸庞，红扑扑的面颊，头发稀疏，圆脸上五官分布得平和，脑袋、臂膀和腰腹都往浑圆形发展。所幸肌肉线条还在，并非人到中年那种肆意流淌，只是有点儿松弛感但仍然保有锋芒。额头的川字纹很明显，但好在一颦一笑间，犹如陈年普洱充分浸泡之后也有舒展的时候。这使他看上去颇为和善，像个一般的程序员，或者脾气不错的公务员，也像个工程师，还有点儿像个生意人。总之，如果纯从外表判断，李志什么都像，就是不像老板。

"我最早在中兴通讯海外事业部，在那儿工作了 10 年，其中前 5 年被派驻在欧洲，在西班牙电信工作，后 5 年由于工作出色又被调往了沙特阿拉伯，再后来因为成家的原因我回到了国内，一直在南京研究所工作，大概 3 年前，我在中兴通讯工作了 13 年的时候，加盟了当前的这家公司，作为第四个合伙人。这家公司叫远见数码，是一家做遥感测绘的公司，成立近10 年了，他们的目的是在未来几年有机会 IPO（首次公开募股），我作为他们的销售副总裁，应该算是公司的第四把手吧。"

"坦白讲，您的经验和背景更多的是在运营商及大数据方面，城市治理方面如遥感测绘尤其是城市 GIS（地理信息系统），这是一个很专业的赛道和领域，与您的专业背景有比较大的差异，您为什么会选择这家公司，或者说这家公司为什么会选择您呢？"我略带怀疑地询问道。

"离开中兴通讯的时候我有一个想法，我觉得年纪也大了，不想在大公司继续蹉跎，而且以我的年纪和履历，如果继续呆在原公司我又将被派往异地工作，我不想再折腾了。所以我想尝试自己创业，但是仅靠一己之力还无法做到，我就想着要加盟一个成熟点儿的团队，碰巧远见数码也需要找一个商业合伙人，对我也是多次盛情邀约，我跟 3 个创始人交流了多次，最后我就加盟了他们。"

"是这样啊，那您还是蛮有勇气的。您在这家公司工作两年半了，现在为什么想要再换个平台呢？动机是什么？"

李志沉默了片刻，明显能够感觉到他在思考，我想他是在斟酌语言，也有可能是在想表达的尺度。

有些尴尬只有中年人才体会得到，于是我赶紧向李志做了一番解释："我无意去探究您的隐私或保密的方面，我知道创业不易，在民营企业更加不易，我希望能够更多地了解您，毕竟咱们这个年纪处于当前的这个岗位，我认为专业技能各个方面您都是具备的，更多的是初心及和当下组织的化学反应，那么了解您的一些动机及来到我们这个组织的想法，能够更好地加强我们之间的合作，也能够更快地帮助您融入。"

"是这样的，我觉得个人的发展与公司和平台有很大的关系，平台有点儿小，我没有办法施展我的资源和优势，所以希望换到一家相对比较大的平台，那样才有更大的发展空间。"

基本上每个人都会这样讲，但是如果人到中年又有一个不错的履历，还要去寻求恰当的发展，那一定是遇到了瓶颈或困难，并不是因发展。所谓发展的背后，其实是希望摆脱现有的环境去寻求改变。

"请问，您觉得现有的平台对您最大的束缚在哪里呢？能不能举个具体的案例说明一下？"

"远见数码的老板在前期投入方面做得很弱，受限公司的实力，比如说武汉的城市轨道交通项目，我需要提前半年进场接触客户，客户方也比较认可我们的能力，但是公司没有办法投入，所以只能眼睁睁地看着这个项目被别人接手。后来，我跟公司提了一个建议，就是公司的传统业务和我负责的新兴业务分开来核算，这样的话既不影响传统业务的发展，也能给我一个非常好的空间。"

"这是一个很好的建议啊，那后来呢？"

"3 个创始人不太同意我这个建议，他们还是认为公司的业务应该是一盘棋，不应该严格区分成两部分，因为如果分成两部分的话，公司有分裂的可能。"

"创始人这样想也有他的道理，毕竟公司是一盘棋、一张图、一场仗，我想问问您为什么要坚持把业务分开核算呢？"

李志再次陷入了沉默，过了很长时间，他抬起头，眼神非常忧郁地看着我说："毕竟我年纪大了，在中兴通讯过了几年的清贫日子。我在这个时候希望能够快速去积累财富，可是远见数码的传统业务本来增速就已经很慢了，如果把我的创新业务再糅到一起去，我很难跟创始人去谈条件，所以我希望能够分开来核算，这样的话如果我的业务取得了进步，那创始团队董事会应该对我的付出看得很清楚，更容易看清回报，所以我提了这样的一个建议。"

听到这里我完全理解了李志的处境，作为职业经理人，他希望在职业生涯的余晖中尽可能地建功立业，获取超额收益，以便对他的未来有一个交代。但是在初创阶段的民营企业，大家一起走过了最艰苦的从零到一，没有这个阶段就孵化不出你当前负责的业务，到了收割阶段，不可能允许你独立出来并与创始团队去博弈财富。李志虽然是创始团队盛情邀约加盟的，但是老板请你来的目的是一起做大蛋糕，什么时候分蛋糕？怎么分蛋糕？老板的考虑和职业经理人的考虑很难同频。我相信如果再多聊下去，李志有崩溃的可能，他肯定跟创始团队发生过摩擦，从暗淡的目光中可以感受到一个落寞的灵魂。我觉得这是一个很有想法的中年男人，但生不逢时。不是说初创企业不好，只能说双方并没有产生深刻的连接。

李志是一个非常典型的中年职业经理人，早期因为家庭原因放弃了海外工作，错失了发展时机，后期步入中年，发现大公司既不稳定也无法满足财富需求，然后选择来想象空间更大的民营企业去搏一把，希望能够换道超车。可是，离开原来的职业轨道，寻求跳跃式发展需要和老板的节奏同步。职业经理人肯定希望高增长，只有高增长，他才有价值；而民营企业的老板要考虑全局，不惜一切代价的事情很难做到，高增长也要高质量，且兑现路径和节奏也需要职业经理人能够理解。诚如面试最后我问李志："为什么在创始团队反对的情况下还要执着于'分拆业务谋求高增长'？"李志沉思良久，最后回答："老板可以有百年基业，我只有几年青春，只有高增长我才能有高收益。"

2. 中年"裸替"

幸福的家庭都是相似的，不幸的家庭各有各的不幸，在我们这儿是反过来的，幸福的创业各有各的幸福，不幸的创业都是相似的。

赵路，42 岁，山西运城人。身高大约 1.75 米，寸头，皮肤暗沉。据他说他 18～19 岁在丹东当过两年兵，表现良好。曾在部队举办的军事竞赛中荣获自动步枪练习射击第一名，亦被授予"优秀士兵"勋章。后来被部队推荐上了中国人民解放军国防大学联合作战学院，学的专业是机械制造。赵路 23 岁毕业后去了某坦克车辆厂工作，后来企业改制，和长安汽车合资生产民品，他就成了一名车辆电气工程师。结婚后，他离开了原单元进入华为工作，家境逐渐改善，于是他就把家搬到了山西省会太原。赵路在华为工作了七八年，按照公司的要求一直是异地办公，孩子大了以后，为了家庭团聚他选择离职回到了太原。

赵路给我的印象很温和、友善，他说离开华为这几年一直在一家做电信设备的公司服务，工作不忙同时收入比华为少多了。赵路平时最大的爱好就是钓鱼，有一次遇到了一个机会。一个钓友是北信集团董事长，据说准备在山西投资一家企业，投资 5 亿多元，先成立一家运营公司，做云计算服务。基于这样的条件，地方政府同意先提供一层楼，免租金，资金到位之后，挂上数字经济产业园的牌子，据说有房地产开发商借助这个数字经济的题材可以配套做地产。这个钓友看到赵路熟悉电信产业，人又比较敦厚，就聘请他做总经理兼任公司法人代表。

赵路和李志的经历差不多，甚至年纪都差不多，都在大公司工作了十几年，兢兢业业。现在终于有这样一个机会可以当老板，这绝对值得一试。职业经理人的生涯干了太久，吃了太多的苦，受了太多的委屈，人容易变得钝化。既然有机会做老板，这何乐而不为呢？而且看上去这是一笔稳赚不赔的买卖，所以赵路就毅然决然地踏上了这条路。

　　后来，赵路告诉我他最大的遗憾就是在公司成立之初且在资金没有到位的情况下，他就加盟了。然而，他也知道如果他不裸辞，不来这儿担任法人，这家公司也不可能做起来，更不可能拿到投资，这并不是一个先有鸡还是先有蛋的选择题。而且像国内的这种投资项目，即使签了风险投资协议，不给钱的情况也比比皆是。由于北信集团的投资迟迟不到位，使得赵路的团队举步维艰，最后直到垮掉也没有看到这家投资公司的资金。两年来，赵路就靠自己辛辛苦苦的业务来维持，基本上是既穿不暖也吃不饱。所谓投资人还在给他画饼，说赵路已经坚持了两年，不妨再等等，投资会很快到位的，主要的原因在于房地产业务遇到了困难，所以资金周转不开，希望赵路再多扛一扛。我建议赵路该止损的时候就止损，毕竟自己的时间是最值钱的，耗了两年多，时间窗口已经过去，即使这个资金到位了，他也不一定能够把握住这个机会。

　　赵路的遭遇并不是核心自我的崩溃，而是一系列假设的崩溃。当他环顾四周的时候，很自然地就找到了"成功之路"——创业。而事实是，即使你遵循前人的道路，这世界依然不会给你同样的答案。当事实证明的确如此时，你会感到幻灭、焦虑，甚至是背叛。其实，人到中年并没有既定的成功之路，那些所谓的成功人士只是在证明他们自己的真理，而不是所有人的真理。

3. 长安十二时辰

梅久奇，我一度怀疑他是梅贻琦的亲属。我们初次交谈，是在西安一家宾馆的大堂。他身穿长袖 T 恤衫、运动裤，聊天的时候很自然地把一支笔和一个小本子放在桌面上，当谈到他感兴趣的话题时，他就在小本子上记几笔。让人印象深刻的是他戴着一副传统的金丝边眼镜，眼睛细长，颇有关二爷丹凤目的意思，只是目光当中不时地闪出一丝丝的尴尬。

作为千帆科技的陕西总代表，他的履历是很成功的。千帆科技是安全软件国内头部的厂家，在梅久奇任职的 6 年时间内，业务连年递增，很多陕西当地的经销商都赚了不少钱。而作为陕西当地的"老大"，梅久奇平时周围环绕着一堆经销商，如众星捧月一般，他也时常感到自己混得还不错。直到有一天……

有一家商学院在西安举办了一个宴会，参会就一个要求，年营业额在 5000 万元以上的企业家或股东，梅久奇的好几个朋友都去了，回来之后都赞不绝口，这让梅久奇的心态产生了微妙的变化。他是一个成功的职业经理人，但是此刻他无比希望转型成为一名企业家。他很希望自己的能力可以得到全面释放，独立自主地在瞬间拍板搞定一些事情。有一天，一位合作伙伴说："老梅啊，你辞职来帮我吧，我们现在准备成立一家全资子公司，给你5%的股份，你来当老板，公司的所有业务都由你来操盘。"

梅久奇听了很高兴，这正中他的下怀，自己终于可以作为总经理放飞自我了，这是他梦寐以求的岗位。可是，他来了没多久才发现，他没有财务和人事权力，只有干活的权力。有一次，梅久奇费了好大的力气谈了一个项目，在外包服务的采购中，他和客户商量好并选择了一个合作伙伴。但是在采购过程当中，老板非常反对他选择的合作伙伴，希望他选择原来的合作伙伴。因为这些合作伙伴都是和他们有长期合作关系的，新的合作伙伴想赢得信任需要时间，所以必须去选择原来的合作伙伴。可是梅久奇认为，自己作为总经理，如果连一个合作伙伴都定不了那还有什么价值，但事实就是这么残酷，他的老板宁可跟他撕破脸皮，也不让他选择他想选的那个合作伙伴，所以梅久奇觉得很受打击。事后他问我："为什么会出现这种情况？"我说："这很明显，老板还是不信任您，怕您伙同合作伙伴对外输送公司利益。"梅久奇愣了一会儿，不自觉地点了点头。

人到中年，对心灵最大的震撼就是意识到我们和世界之间并没有签订心照不宣的契约，并不是只要我们心地善良、意图良好、行为正确，事情就会进展顺利。我们假想和这个世界实现互惠，只要我们尽职尽责，世界就会报之以歌。卡尔·荣格强调，当我们发现自己不是生活的主人时，自然会不寒而栗。梅久奇及每个经历过中年之路的人都被迫明白了这一点。

细思几孔

奥托·冯·俾斯麦有句名言：政治是可能性的艺术。我想说：中年被迫创业也是可能性的艺术。

据说，俾斯麦是在 1867 年一次谈话中做过这个表述的，而那正是德国统一大业成败未卜的时刻。这时候，俾斯麦正在欧洲各国之间联合纵横，各个击破，为了实现目标，他常常以退为进，以守为攻。为了争取国内的民意支持，他作为一个反民主人士，却主动开放了成年男子的普选权；他作为一个反社会主义人士，却完成了福利国家的奠基。正是俾斯麦的这种灵活性，让他赢得了"政治现实主义大师"的标签。所谓可能性的艺术表达了某种现实主义主张，艺术不是魔术。同样，创业也是去寻找某种可能性。

为了深刻体会打工和独立创业的区别，我开始从事跨境电商业务。起初，所有相关人士都表示支持，但是到出资的时候，只有我一个人肯出钱。开始运营的时候，每个人都习惯于鼓掌加油，但少有人深入了解业务。至于订货是订一吨还是两吨，流量是来自微信还是直播，没有人主动去想。原因很简单，只有老板是对整体负责的人，成败得失一人扛，即使合伙人也做不到。作为创始人，在那些漆黑的夜晚，躲在酒店里辗转反侧，没有兄弟可言，只有登顶的渴望和成就的冲动。而后来发现周围能留下来的人都是依赖于我的人，那些所谓功高震主的人都留不下。而且，你以为的放飞自我、追逐日光，在外人看来其实和小丑无异。多年以前，在一次同学会上，我深刻领悟到了这一点。彼时我从大厂出来，脱去西装革履投向创业，每天摸爬滚打灰头土脸，再也没有了以往的光鲜亮丽。有一位平时轻声细语的同学，由于屡次遇到问题，大家都时常会关注甚至苛责他。那天这位仁兄一反常态借着酒劲儿吼道："为什么你们都说我？老花赤裸裸地下跌你们为什么不说?"那一刻我才明白，我以为的放飞自我竟然是他眼中的自由落体，正所谓人类的悲欢并不相通。

年龄越大，我越深深明白一句话："当你在追寻某种可能的时候，再苦再累也不要到处去说，因为，你并不值得同情!"

所以，那些主动或被动走向创业，以及到初创企业工作的中年职业经理人，我非常乐意给出一些建议。

（1）道义放两旁、利字摆中间。

在民营企业工作，利益分配一定先谈清楚，业务目标谈清楚，情感问题撇清楚。切忌："救世主"心理、"白衣骑士"心理、"布道师"心理、碰运气心理，既想当"老大"又想找份高薪的工作。要有：创业之心、打工之行。

（2）摆正位置，只要创始团队还在，你就是运营者，千万别有主人翁精神。

没有相互的信任，仅仅靠金钱的维系是支撑不住的，所以中年人选择去民营企业不要想得太简单，一定要摆正位置。如果你想去哪家企业做老板，千万不要这样想；如果你想去哪家企业做"救世主"，也不要这样想，因为企业家打拼这么多年，见过很多世面了。做"救世主"根本轮不到你，本质上你还是去做一个解决问题的职业经理人，利益分配一定事先谈好，不要被情怀蒙住了眼睛，讲究情怀所付出的代价是最大的，还不如亲兄弟明算账。

（3）被动创业很凶险。

这3位中年人的遭遇有一个非常一致的特征，表面都是因为对财富的追求进而独立创业或加入民营企业，事实是人到中年对于曲终人散的恐惧，进而尝试在剧终之前奏出华丽乐章的渴望。

李志急于把自己这部分业务独立出来，以便通过获得超额财富而实现个人价值。但是从企业的角度来讲，各个部门的业务都是企业平台的业务，不可能由于一项业务的增长就对这一项业务投入更多，而且单一业务的增长也得益于平台的整体能力，这是业务考虑。从产权角度考虑，李志也过于天真，实际控制人多年打造的平台，怎么可能因他的局部想法就拆分，那岂不是把企业变成藩镇割据。只能说李志的初心过于急迫，之所以如此，和李志人到中年有最后一搏的心理不无关系。

赵路全部的心思都寄希望于投资人的大笔投资能够到位，与其说是赵路有点儿天真不如说他太期待这个机会。将心比心，无论是谁面对赵路所拥有的机会都很难不动心，投资一到霸业可成，这种诱惑对于中年打工人可谓终极追求，即使希望渺茫也会搏一把。吹毛求疵地说，当幸福来敲门的时候，稍微评估一下是不是太美好以至于不现实就好了。被欲望蒙住眼睛，没有设定止损期，赌上几年的职业生涯还是值得商榷的。

梅久琦就更加明显，长年"只看贼吃肉，没见贼挨打"，让他产生了幻觉，"贼"原来是这么好的一个职业。他希望到原来自己的合作伙伴那边去做操盘手，"洗白自己"，这种想法过于简单，他在厂家是甲方，到了企业就是乙方。在甲方的时候企业老板有求于他，他有分蛋糕的权力，到了企业就是打工的，只有做大蛋糕的义务。

爱因斯坦说过这样的话："一个人没有在30岁以前达成科学上的最大成就，那他永远也不会有这一天了。"所以，才会有"少年成名"和"大器晚成"这样的词来形容那种在年少或年老的阶段获得成功的异类。人到中年依然保持少年感是很难得的，但是生活会毫不留情地要求我们长大，并对自己的生命负责。虽然听起来很简单，但长大确实是中年之路上不可逃避的要求。它意味着最终在没有他人的帮助下，面对自己的依赖、情结和恐惧。它要求我们不再因自己的命运而责备他人，并对自己的身体、情绪和精神健康承担全部责任。人到中年，已经没了自我欺骗的余地。在清晨照镜子时，我们看到的敌人是我们自己。

就好比人生下半场，似乎开场的兴奋还未过去，伤停补时却已经悄然而至，猛然间觉得自己的"人球分过""重炮轰门"还没施展，比赛居然都快结束了。卡尔·荣格认为，我们能为这个世界做的最好的事情，就是撤回自身阴影的投射。承认世界的问题就是我们自己的问题，这需要巨大的勇气。而此刻，我们就需要这样的勇气。

第七章

"油腻"的应届生与高敏的高管

我们需要培养学生掌握必要的技巧以解决未来无法预料的问题。

——《让思维自由》

1. 你好，应届生

疫情过后，我们重启了管培生的招聘，很荣幸我得以见到一批优秀的年轻人。以"985"工程和"211"工程高校的应届毕业研究生为主，总体的感觉是一个字：卷。因为单纯从面试技巧来看，候选人已经和社会招聘人员的水平差不多了，甚至在面试的准备、细节的拿捏方面超过了部分社会招聘人员。看得出来，大家都花了不少精力和金钱去参加过培训，人设硬件都近乎完美。GPA（平均学分绩点）、校内活动、校外实习、竞赛小发明、学生社团一应俱全，挑不出短板。

根据面试的同学，大体总结可分为如下几类。

（1）"五好青年"。

这是一个很有主见的女研究生，她所学的专业是地理信息。说她很有主见，是在面试开始的时候她就展示了一个PPT，这不是必选项，但她坚持说这样能够让我对她有全面的了解。她的PPT做得很详细也很有条理，其中几个主要方面包括：GPA 都是优，作为学生会主力成员组织了多项活动，参加过全国的学科竞赛（成绩为全国前几名），实习期间在几个重要的国企单位参与过和专业相关的工作，硬件条件无可挑剔。

除了学术方面GPA都是优，她还着重谈到了自己的组织和沟通能力。她提到在读研究生一年级的时候和4名同学一起参加了一个科技发明竞赛，当他们顺利进入复赛阶段的时候，按照比赛规则他们有一次重新提交作品的机会。但是，这也面临一定的风险，因为如果选择不重新提交作品，那么大概率比赛进不了四强，只能获得三等奖，但是重新提交作品的时间不一定够用，如果不能按时提交作品，这次比赛就没有成绩。面对这样一个两难的选择，她说服并鼓舞大家为了更高的目标敢于冒险，同时带领大家加班加点在最后时刻完成了作品，并如愿取得了好成绩。虽然从她的表述中能够听出，她未必就是唯一的领导者，但是参与了这样一个决策和执行的过程，对她的影响还是很大的，并且能够真实感受到她在这一过程中所付出的心血，以及在这一过程中的兴奋和激情。

另外，当提及她的专业转行的问题时，她说自己的本专业就业方向比较窄，尝试了几次后发现自己不能在本专业继续发挥作用。而互联网公司作为产业赋能者，可以赋能千行百业，她依然可以在另外的角度发挥自己的学识和专业能力。看得出她经过了反复的思考，当然也不排除经过高人指点，但是这些考量已经内化在心里了。所以，这样一个近乎完美的应届生没有人有理由拒绝。

（2）公子"小白"。

一个财经专业的本科男生，干净朴素。

我们很少招聘应届的本科生，这名同学能够拼到最后肯定有两把刷子。这是一个很干净的小伙子，面试依然在宿舍里。周末的宿舍空空荡荡的，房间明显被人打扫过，显得和小伙子本人很搭调，简洁有条理，省去了让人眩晕的虚拟背景。小伙子身穿白衬衫和蓝裤子，打扮得比较得体。果然一开始，我就发现他对我们公司做了深入的研究，我说深入研究是指他掌握的信息不仅仅局限于从媒体上获得的。而且这些信息他实践过，有非常清晰的体感。比如，他曾经问到我们年初发布的产品战略落地情况如何，而他认为在价格下调的过程中，有哪些问题其实可以做得更好，甚至他在这一过程中能帮上什么忙。这已经完全超出了一名管培生能应对的水平。我好奇地问他为什么会有这么多体感，他告诉我他在我们当地的一家"创新中心"打工，注意是打工不是实习，虽然工作内容只是做一些客服信息的收集整理，但是这个过程让他对我们的业务有了真实的实践。我依然好奇地问他为什么不去实习，毕竟参加实习能够拓宽他的择业面，且实习经历对于就业也是加分项，他告诉我假期他要照顾家人，没有多余的时间去实习。所以，难怪这个孩子能问出来参加工作两三年的人问的问题，社会的锤炼让这个孩子成熟得体。

（3）原生态女生。

这是一个科班的计算机专业研究生。面试也是在宿舍，坦白说即使没有上一个男生的对比，这个女生的宿舍背景也略显凌乱，让面试官很难集中注意力。女生的心态很好也很坦率，学习成绩总体不错，GPA 没有硬伤。问及学校生活及与同学之间的相处，她的回答是她们相处得很快乐，因为热衷于"玩儿"，社团参加得很少，但是和同学们相处很融洽。举个例子，因为大家都喜欢打王者荣耀（一款手机游戏），经常一起彻夜战斗，结下了深厚的友谊。关于实习经历，她去字节跳动做过数据治理，感觉这个工作比较枯燥，就没有深入去做。问及未来的计划，她坦言家人在帮她推荐去银行工作，但她比较不安分想看看互联网的机会。

这是一个基本素养不错且很率真的女生，但可能家境比较优渥，自己并没有对步入社会做太多的准备。

（4）动感男孩。

一个金融专业的男生，依然是一个研究生。我有种先入为主的偏见，面试之前就觉得专业不太对口。

从面试开始小伙子就有些焦躁，好像他急于说服我能够接纳他。他说他有几个录取通知，但是更看重我们公司的机会，我问他原因，小伙子的解释很牵强。在我听到他手里有几个录取通知后，就猜测他是不是在比较薪酬，而我们公司明显高过他提到的几个选项，其实他如果直接告诉我，可能我的感觉会更好。我问他金融专业科班 6 年，为什么来互联网公司应聘。他回答是自己对互联网有兴趣，想从事这方面的工作，但又给不出例证和足够的理由。我猜测他在金融方面并没有获得足够好的录取通知，所以想选择互联网行业做备份。这本来无可厚非，毕业求职多向选择很正常。其实他还不如像上一个女生一样直说自己没想明白。于是我又给了他第二次机会，关于自己学了 6 年的金融专业怎么看，可能他太想表达他对于互联网行业的诚意，竟然说学了 6 年其实没什么感情，就差说自己选错专业了。我猜测他是在演，即使对于自己所学 6 年的专业没有感情，那也不应该如此决绝，毕竟人生没有几个 6 年，说翻篇就翻篇这不是"渣男"吗？我承认与这位动感男孩相比，我有点儿老气横秋。

总结如下。

最后的选择说明了一切，前两名应届生通过了，后两名应届生被淘汰了。事后总结发现，我选择的是"稳定发展的即战力"，有点儿矛盾的句子，"稳定＋发展＋即战力"。

前两名应届生具有明确的即战力，经过短暂培训马上就可以上手实践，且在校期间就对自己的未来和工作有过深入的思考，有一定的发展潜力，针对工作和生活有一定的体验，思想和心智相对稳定。而原生态女生还停留在自己的世界，也许她的灵动和率真在某一天能够取得更大的成绩，但是我赌不起，我需要的是在可以预见的时间内有确定性的产出。而第四个纠结的小伙子也一样，他的本意是去金融行业，我们互联网行业只是他的备胎，在他这个年纪有很多选项，我无法保证他来了之后不会朝秦暮楚，一旦闪离闪退对双方来说都是损失，我依然无福消受。

仅仅就我个人体感而言，企业招聘应届生压力很大，我也不能免俗，原生态的被淘汰了，略显"油腻"的录取了。当然，如果在"稳定 + 发展 + 即战力"基础上能够再增加如下的能力就更理想了：独立思考力、自我驱动力、价值观、心智成熟、远大理想……我是不是有点儿过分了……

2. 高敏的高管

在你的职业生涯中，是不是总有那么几次你会觉得身边的"高管"很别扭？这太正常不过了，时空交错之间，你通常会在错误的时间、错误的地点遇到如下几类高管。

（1）元老们糊涂的爱。

企业发展早期，高管团队一般都是创始人的追随者。在这一阶段，人才跟一号位之间的关系是"价值观追随"——我相信你，所以你做什么事情我都愿意跟着你，形成"宁可跳楼也不跳槽"的信任关系，这是第一阶段。就像彭蕾之于马云，"马总任何战略，我都会把它变成正确的战略。"我没有面试过这类高管，但是近距离相处了很多。鸡蛋里挑骨头地说，这些股肱之臣由于对看家护院有着异乎寻常的热忱，但忠诚有余、认知不足，正所谓能力不够，价值观来补。

给我印象最深的是我第一次创业时候的二股东——大股东的发小。当时公司刚刚完成 A 轮融资，正在准备扩张业务，但彼时出现了一个当时看似奇葩、现在我完全理解的现象，当我们提出任何一个扩展的提案时，都会被这个二股东"百般刁难"，理由都一样："怕泄密"。当我们提出要给一个客户做 POC（产品概念验证）时，答案是否定的，因为怕泄露产品机密；当我提出和一家国企联合开发产品时，答案也是否定的，因为怕泄露技术细节；当我们提出被集成，需要给总集方提交文档时，答案也是否定的，因为依然怕泄密。当时我觉得完全不可理喻，现在已经完全理解了。"发小"在公司创立之初就是元老型的高管，对于看家护院有着与生俱来的热衷，但是面对快速扩张，他既没有能力储备也缺少准确认知，因此凡事求稳不输就完全可以理解了。

（2）霸蛮的藩镇割据。

当创始团队稳定住商业模式的时候，企业就进入了下一阶段，这一阶段的主要目的就是扩张，对人才的要求就不一样了。这时候你需要一批自带战术体系、能独当一面的操盘者，他们的核心特点是能够建立一些简单有效的流程机制，也能够带人或带团队攻城略地。当企业从第一阶段发展到第二阶段时，两种不同风格的人才就容易产生冲突。第二阶段的操盘者会觉得原来那帮"老家伙"不会沟通，思维也不系统等；第一阶段的老员工们会觉得新来的这帮人光说不练，把我们过去辛辛苦苦打拼的创业果实都给攫取了。

我第二次创业的时候就需要这样的"高管"，于是我见了不少人，但是那个时候的想法非常不成熟，错过了很多杰出的人才，聂军就是其中一个。

聂军曾是惠普的高级总监，曾经在制造业领域当中声名显赫，宝钢、通用电气、上海汽车、许继电气等都是他的客户。我们当时正在进军工业互联网，刚刚经过 B 轮融资，在这个市场上还小有一点儿名气，也吸引了很多候选人的青睐，他们都想来到我们这个新型的团队，而事实上我们在工业互联网这个领域当中没有什么建树。

我们在融科的俏江南准备了工作餐，我和公司的另外一名创始人（也是董事长），加上聂军，我们 3 个人一起进行了愉快的交谈。交流过程中聂军很专业，对我们二位也很客气，对于工业互联网市场的看法，聂军说工业本身的概念比较空泛，客户分布比较零散不利于行业化工作，大客户销售是一个比较务实的做法。我们由于有了之前天使客户的体感，对此深以为然。

我们请聂军分享一下自己比较得意的工作经历，他分享了这样一个案例。许继电气作为国内头部的电气企业，每年的信息化预算是非常高的，聂军在许继电气曾经策划过一个大型的项目。这个项目作为原中东特高压输电线路的一个重要节点，聂军策划了大概一年多。但是在这个项目进入采购阶段的时候出了一点儿小问题——突然参与进来几个竞争对手。聂军经过缜密分析，做出了堪比谍战剧的安排。本来硬件采购部分和工程服务部分的预算是合在一起的，聂军硬是把一个标段拆分成了两部分——硬件供货标段和工程服务标段，而且把两部分的预算都设定得明显不足。业主方不理解，认为聂军这是在给自己挖坑，聂军却毫不慌张。当其他竞争对手看到分包预算后都觉得是大坑，大家都在犹豫的时候，聂军又主动放弃了工程服务标段，只选择参与硬件供货标段，这样留给大家的印象是聂军无力拿下全部，只能选择少赔点儿钱。而此时高调参与的某竞争对手骑虎难下，只好硬着头皮中标了赔钱更多的工程服务标段。而在签约过程中，工程服务部分的费用又高度依赖硬件设施的成本，作为供货商的聂军给了一个对方难以承受的价格，使得本来就赔钱的工程服务部分雪上加霜，该竞争对手进退维谷。同时，聂军迅速地提供了硬件设施，给予工程实施方巨大的施工压力，设备已经到达现场，如果相关资源无法到位，就会影响整体项目，且竞争对手对于聂军公司的产品本就不熟，更加难以在极其有限的预算下保质保量施工，无奈之下最后选择了放弃。竞争对手放弃之后，业主方只能选择聂军的公司来接盘，接盘之后聂军马上找到主管部门，以临危受命的状态表达了愿意去接手前序企业所残留的服务部分，但资金的缺口需业主方帮忙协调。因为聂军深知，援外的项目在操作的过程中为了保障质量是可以多次追加预算的，因为环境变化，工程服务部分的价格不可控情有可原，在海外经营多年的他深谙此道。在业主方的大力配合下，他们去进出口银行进行了二次申报，说明这是一个几乎烂尾的项目，为弥补前序企业的历史遗留问题增补部分预算，进出口银行方面欣然同意。就这样，经过聂军几次巧妙的腾挪，一个竞争激烈的项目最后还是完璧归赵了。

这个堪称谍战题材的项目，颇具传奇色彩，可见聂军是非常优秀的操盘手。

我们一方面钦佩聂军的惊人表现，另一方面也有一丝丝的担忧。这种项目拿捏的权谋之术固然在行军打仗当中必不可少，但是我们需要的是创造体系、秉持坚定价值观和能够为用户创造真正价值的领军人物。当然如果说我们吹毛求疵或被这种惊人的表现吓到了也行。这个案例虽不如把梳子卖给和尚那么令人叹为观止，但是里面的缜密思考、纵横捭阖也是惊心动魄的，令人拍案叫绝。后来听说聂军成了另外一家外资企业的中国区的首席代表，我们相信他走上了一条蒸蒸日上的发达道路，也许我们错过了一个优秀的人才，但我们并不后悔，聂军没有选择我们其实也是他的造化。

回到现在，我终于理解了当时不选择聂军的原因，虽然在那个时候说不清楚，只是感觉不对，基本上我们当时需要的是自带体系、自建体系、能独立作战的藩王。其实彼时公司正处于跨越了生死的关键阶段,依靠一帮盲目自信的老臣子刚刚赢得了早期市场,一切都不成熟。那个时候其实我们最需要的是既能够领兵打仗又能自建体系,边生产边开拓的人才,未必需要有多正规的基本功,但是对无中生有能创造条件的能力要求很高,有点儿像第二类高管,即能够藩镇割据的人。聂军在某种程度上彰显的是在既有确定性环境下的复刻能力,更像第三类高管。

(3)心力交瘁的"空降兵"。

当公司再进一步发展到第三阶段,第二阶段的人才也会有些不适。很多第二阶段的人才都是操盘者,他们喜欢那种独当一面的感觉,有相当一部分人不愿意去建立系统、建立体系,沉醉于凭借直觉随性发展。但是公司发展到一定程度后,你会发现高管中必须有系统构建者、变革者去建立系统。比如:构建力出一孔、穿透闭环的任务协同系统;良将如潮、人才辈出的人员管理系统;上下同欲、内外自洽的文化管理系统。第二阶段的操盘者很多时候是不能完成转化的,这个过程有点儿像所谓的"出将入相"。很多人在打打杀杀时是很厉害的,但是很少有人能真正地"入相",因为这是两种不同风格的人。

我遇到的一位高管,从意气风发到意难平只用了半年时间。

这位高管每天挂在嘴边的3个字就是"一号位",大意就是这家公司方方面面都把他作为核心来看待，凡事都要他来出马。何曾想到，虽然这家公司的体量已经到了一定规模，但是体系还是以"人治"为主，基本上属于一个"国际化的作坊"。初代合伙人仍然占据着公司实际控制地位，不仅仅是把持关键位置，而且控制着公司的文化走向。是何种文化？其实很简单，就是把人当工具，即使高管也不例外，只是一个高级工具而已。

果然，这位"一号位"履新之初还是意气风发地做了很多尝试，调整客户侧的服务模式，改良产品体系，重构品牌形象，可谓励精图治、鞠躬尽瘁。但是他万万没想到，合伙人团队对他的改良运动一直心存疑虑，因为第一代元老和第二代藩王还正值壮年，他们的认知还是单线程的简单系统。经历了大约半年后，他们认为这位"一号位"的套路不过如此，于是开始了自己的表演。首先藩王们联合起来诟病"一号位"在改良中产生的问题，进而提出来新的"改良"方案。这套方案是在"一号位"基础上做出的升级版，虽说是升级但在关键位置上把"一号位"架空了，这套新方案也充满技术含量，既窃取了"一号位"的胜利果实，又杯酒释兵权。唯一遗憾的是该公司再次向世人证明，这还是一家大体量的作坊公司，依然没有形成一套价值体系，依然以实际控制团队的个人喜好为标准。

后来，这位"一号位"选择了"躺平"，无论有多少意难平，在时空交错面前也都只能平静地接纳。

事实上，当你不理解组织发展规律的时候，你很难判断高层人才，而且你也不能客观地认同、评价不同阶段人才的作用和价值，以及它的特点和必然性，也不能提早地去引导、做准备。如果你缺乏客观性，就很容易站在某一类人的角度看问题，比如站在第一层次看所有人，你就会觉得所有人都是"家奴"；站在第二层次看所有人，你会觉得元老走了"狗屎运"，其他人都是眼高手低；站在第三层次看所有人，你会觉得所有人都是"草台班子"。当你"站了队"，你对其他人的评价就不够公平了。尤其是"一号位"和人力资源负责人，如果不能了解组织的发展规律，那么在评价高层人才的时候就不会客观。同理，你作为普通一兵如果站错了位置，依然会纠结不清。所以，当你发觉自己和公司的高管不好相处的时候，你需要考虑是不是有时空的错配。当你寄希望于创始元老能够给你完善的职业发展路径，寄希望于藩王领导给你人文关怀，寄希望于"空降兵"高管大开大合、不拘小节时，那你真的是异想天开了。

3. "高管"不会说的黑化能力

犯罪行为只有模式，并无逻辑。——埃勒里·奎因《希腊棺材之谜》。

我们一般意义上认为所谓高管应该具备宽广的视野、长远的思考、开阔的胸怀、敏锐的洞察力和坚定的决策力等方面的素质。当然这没错，但是在真实世界里，千军万马中能够爬到高管的位置，仅靠一些通用能力肯定是不够的。与其说成为高管并无通用逻辑，不如说在万众期待下，高管难免变成"高敏感"体质，并伴随一些黑化的行为。

所谓的高管，大家认为他们一定是日理万机的，但事实上他们理的"机"当中有相当一部分是"斗机"。依我个人有限的观察，所谓的高管在处理"斗机"方面所花费的精力，要比基层的员工处理"斗机"方面花费的精力大得多。当然这个也不难理解，因为基层工作岗位多，高层工作岗位少。一将功成万骨枯，登上了高台之后，核心的注意力就在于如何保护自己能够不从台子上掉下去。而基层的工作岗位，无所谓掉不掉，所以大家不会花太多的精力为保住自己的岗位而心力交瘁。而企业高管的容错率更低，为了保障自身的利益，他们不得不去选择"扮可爱"，"扮可爱"进可攻，退可守，还可以让别人觉得很接地气，所谓故意是表现出一种现实主义，别人看着是在"扮可爱"，自己觉得是平易近人，显得人畜无害。所谓高管都是高敏体质，因为全力以赴所以挣扎，时间和精力失去的一定要找回来。所以，他们必须具备如下佛曰不可说的黑化技能。

（1）向权威靠拢，影响"关键少数"。

权威人士其实对周围环境的信任感是非常低的，比普通人要低很多。即使权威人士，能够亲自接触到的半径和普通人也差不太多。而且接触到权威人士的人都或多或少戴上了面具，这就加大了权威人士的识别成本。找人、找钱、找方向是权威人士的规定动作，在短时间内以最低代价找到可用之才是权威人士的主要工作。反过来，候选人如果能够靠近权威人士并赢得信任，位置效应就会发挥作用，你可能会迅速地实现价值网的跃迁。其实，有两家上市公司的总裁就是非常好的例证，他们都是做咨询的。由于长期给企业做数字化转型咨询，最后打动了老板，咨询顾问自己把自己投诚到了咨询对象，最后成了总裁。其实如果没有这样的机会，这两名咨询人员完全没有机会走上这样的领导岗位，即使这两个人也都是杰出的人才。

我见过一个候选人，这名候选人以不成功的方式诠释了向权威靠拢的焦虑。

候选人叫胡达文，是某著名大学的 EMBA（高级工商管理硕士）。胡达文在读 EMBA 之前，曾经在中软效力将近 11 年的时间，从大连分公司一路晋升来到北京总部。从业绩来看是一个很优秀的经理人，读了 MBA（工商管理学硕士）之后，又加入一家初创企业成为联合创始人，3 年之后从这家企业离职，目前赋闲在家。

我们的交流是在公司的办公室进行的。原计划我和董事长两点钟一起和胡达文见面，十分不巧，董事长在之前一个投资者会议上稍微耽误了一会儿，于是我和胡达文先开始交谈。

应该说交流是在坦诚、融洽的氛围中开始的，胡达文彬彬有礼，看得出他是有着丰富经验的职场人士。但是这种美好的氛围在我们发现彼此的经历略有交集的时候变得凝重起来。其实也没有多大的交集，只是我认识他们公司的一些同事而已，胡达文略显紧张。虽然他一直是面带微笑看着我，但是嘴角紧绷的肌肉明显能够感觉到一丝局促，而且在谈话之间有些细微的颤抖。其实这种情况很常见，作为在行业里打拼多年的"老炮"，遇到各种熟人是大概率的。当我们谈起了一位他曾经就职公司的一位老领导时，胡达文的声音略有颤抖。其实我跟那位老领导也只是几面之缘，远远谈不上有什么交情。但是那位老领导的人品在业界是有口皆碑的，基本没有什么负面评价，而且已经退休多年。胡达文开始试探我跟那位领导之间的关系到底多深，他用了几个比较有技巧性的问话，比如突然提起了一个具体项目。他说，当年大连地铁项目是那位老领导亲自操盘的，锦州银行也是这位老者力挽狂澜的等。他发觉我对这些项目并不了解，于是如数家珍般娓娓道来，尤其强调他其实在这些项目中做出了不可磨灭的贡献。

　　考虑到彼时他的年纪，我猜测即使他参与了应该也不是重要岗位，而且此类项目在当年都属于暗箱操作，不可能有很多人参与。老领导当年的地位是在通信领域建立的，与胡达文所提项目有"关公战秦琼"之嫌。看我已经不感兴趣，胡达文便收起神通正色道，这类项目他做过很多，小菜一碟，也因为缺乏挑战性，他选择了去独立创业，做一家互联网垂直电商公司。能够从传统企业出来投身创业，我还是很钦佩的，于是又迷弟般地期待胡达文的教诲。果然，他开始侃侃而谈，如何定战略、如何搭班子。我当年有一种简单直接的执念，对于这些MBA 教程中的东西没有兴趣，于是便礼貌地打断他请教了一下他们公司的股权结构。胡达文略显不悦，犹豫片刻说这部分有点儿敏感，不方便透露。我虽然表示理解，但是如果股权结构不清，那就无从判断公司治理结构中的很多问题。按照他的提法，他在这家公司中是联合创始人，日常运营都归他负责，而很多关于公司治理的问题他都以保密、不方便透露为由搪塞过去。

不过，他给我的回应是他的精力更多的是放在业务拓展方面，并没有在公司治理方面花太多的时间。这个我也理解，毕竟初创企业，大家可能更多地把精力放在生存上。鉴于他40多岁的年纪，目前就读于 EMBA，并没有工作。所以我问了他一个问题，为什么创业之后没有选择继续留在工作岗位而选择了辞职去读书？胡达文的回答是，他需要重新整理思想然后系统地学习。我问他在这个年纪学习和工作并不矛盾，有没有想过其实可以二者兼顾？胡达文没有正面回答，只是坚称自己需要一段时间的空窗期。我依然表示理解，我又请他评价一下几段工作经历，胡达文对自己在中软的经历赞不绝口。他称自己那段时间取得了长足的进步，也获得了经济效益和社会效益，自己也从一个普通工作人员成为资深管理者。而他对自己3年的创业经历却不以为然，认为自己并没有得到董事会的真正支持，并认为董事会是公司失败的最大障碍。之后，他又补充道，虽然创业失败，但是在薪酬上他并没有吃亏。我于是便顺着提了提我们公司的现状，虽然融资进展顺利，但是薪酬部分可能并不是最高的，因为股权部分比现金要多很多。

这时候董事长走进来了，他是中国人民大学在职博士生导师，青年才俊，在行业内的口碑很好。胡达文看到董事长进来，马上情绪一震，整个身体完全转向了对方，把一个侧脸留给了我，甚至眼角的余光都不看我一眼。胡达文在和董事长交谈过程当中，表达出他对一个平台最看重的是领军人物的看法。这也是他今天下午愿意抽时间来到我们这个小公司最重要的原因，就是和董事长面对面地交流思想。他的原话是："我今天来这里根本就不是来求职的，最重要的目的就是来见见您……"

后来，胡达文没有赢得董事长的认可，当我问及此事，董事长说道："感觉这个人有极强的目的性，太急于拉近距离，无法判断真伪。"我笑称："人家对您青睐有加，您还不领情。"董事长也只好摇头苦笑。

（2）提炼归纳、自圆其说。

"高管"服务的对象是谁？是董事会实际控制人，需要的是举一反三、结构化、充满希望；"低管"服务的对象是用户，需要简单具体，直面问题。

企业高管需要能够快速、有效地解决各种问题，包括财务问题、人员问题、法律问题、市场问题等。他们需要具备分析问题、制定解决方案的能力，快速发现和锁定问题就是最重要的。你反感是因为你做不到、听不懂。比如，某家企业高管提出了一个耳熟能详的概念叫作"能力建在组织上"。能力建在组织上的提法绝对正确，毋庸置疑，但是基于此衍生出了很多反人性的东西，如任何业务都要做足够的文档，增加了巨大而无效的工作量。比如备受诟病的周报表、日报表，还比如备受诟病的各种所谓挂弹飞行、挂弹演习、"四看三定五明确"等。

人们为什么会觉得这些东西"卷"，因为这些东西的价值只有你付出劳动的 1/10 甚至 1%，但总有人会说有 1% 的价值也是好的，我不否认，但事实上这种消耗浪费了灵感和创造力。甚至形成了一种低水平、重复、无价值的劳动，是一种"死亡缠绕"。这是 NBA 中一个技巧，指的是防守球员紧贴进攻球员，用尽一切办法，在不犯规的前提下进行防守干扰，就好像藤蔓缠绕住对方一样，低水平、重复、低价值劳动就是企业发展中的"死亡缠绕"。

举个我亲身经历的案例。

2022 年，我的团队在一次重大项目中折戟。我主动向上级汇报了这次失利的全过程，坦白说虽然项目重大，但以当时公司的管理水平，如果我不主动汇报也并无大碍。我主动汇报失利情况，一方面是职业操守，另一方面也是真心寻求帮助。结果，一场闹剧开始上演。

公司开始组织复盘，复盘的内容无外乎是项目失败的原因，当我清晰地表明项目失败的最大原因在于彼时我们的产品不符合信创及国产化要求，需要迅速解决，否则以后这种悲剧还要上演。于是，销售管理部开始了表演，这个项目复盘了3次。第一次复盘不合格的原因是不够"深刻"，只字不提解决问题，我"复盘了这次复盘"，发现不够深刻是指我们没有"披麻戴孝"，为解决实际问题我不得已重新修改了汇报材料，把沉痛悼念的心情陈述到底，进行了深刻的第二次复盘，但是销售管理部依然不能解决我提出的问题，且又以过程管理不严为由要求第三次复盘。我耐心接受了要求，恨不得把地铁票、支付宝记录都罗列出来，就差调取天眼视频来证明我们与客户的多次交流了，同时进行深刻的反思，最后终于得以过关。纵观3次复盘，该解决的本质问题完全没有解决，唯一学到的就是要做好记录，以便倒查的时候作为证据。

（3）没有永远的"老大"。

有一位德高望重的高管，江湖俗称"某某老大"。"老大"习惯于做带头大哥，带头大哥有一个最主要的特点就是任人唯亲。在他的麾下，只要甘愿效忠，你就会获得机会。但是，这位"老大"真正的过人之处在于，进退有据。他虽然盲目给这些员工机会，但是会设定一个期限，比如一年时间。一年之后如果不能做出成绩就立马辞职。如某人所言：手里没有米，鸡都不会跟你走。这位"老大"的"选育用留"同样是以忠诚为门票，以实力为纽带，以结果论英雄的。

如果大家觉得只有在外资企业和民营企业有这样的高层权谋之术，那就彻底错了，所谓代表先进生产力的互联网公司，在高层的互相博弈、钩心斗角方面，丝毫不遑多让。在一个大型的互联网公司，有一个集团副总裁，可谓高高在上。

他跟我差不多年纪，40 来岁，戴一副细长的黑框眼镜，人长得白净斯文，话不多，讲话甚至还常带几分羞怯，尤其在人多的场合。大概因为人生顺风顺水，总是那种迷迷糊糊半走神的样子。说实话，无论是经济实力还是长相条件都算得上招人嫉妒，但从来不是任何社交场合的主导人物，是你容易忘记自己已认识的那类人。

在一次集团工作会议上，当他面对敌对势力的部门领导时，露出了獠牙。会议现场当着全体高管的面，他的问题极具攻击性：您的部门有存在的必要吗？您的下级部门出现多次事故，这是否是您用人失察？几个问题刀刀致命。当他出手之后，他的党羽纷纷附和，颇有一点儿一群鬣狗在对猎物掏肛的感觉。被怼的领导有点儿措手不及，不过应对也算得体。他首先回应部门职责的具体范围，然后回应所有人事任免都是集团集体决策并非一言堂，且反问对方具体哪个人是用人不当。但是，遗憾的是对方有群狼，而该领导只有一人自说自话。

后续的发展也颇令人玩味，两位高管先后淡出权力核心，后来想想也可以理解，家奴之争最后没人有好结果，说两败俱伤亦不为过。

细思几孔

"焦虑面前人人平等"，无论是"高管"还是"应届生"。工作努力、努力工作，其实未必因为他喜欢这份工作，很可能因为他不喜欢甚至痛恨这份工作，他努力地工作，以至于他能够赶快攒到钱，有一天他就再也不用去做这样的工作了。肯定，并不能有效激发潜能；否定，反而是最大的动力。开"卷"有益的时代，大家都活在一种对当下的否定状态。大家都不直接面对当下，而是要想迈向一个未来，当下存在的意义，不过是迈向未来的一个台阶，所以越快跨越这个当下越好。在这种状况下，去定义自己行为的意义，那就必然会永远处在一个焦虑的过程当中。"应届""高管"虽然是"组织人"，但他们首先是普通人。在压力下大家都会越来越"油腻"、世俗，企业高管可能会因为利益诱惑而失去追求卓越和公平、公正的品质，应届生会在生存与发展的诱惑下放下自我的真实。高管的任用是"战略规划"的一部分。对高管进行评价的时候，首先是对组织绩效的评价，对他们进行任用的时候,实际上也是战略规划的一部分,回答战略上需要什么样的人,需要什么样的能力和气质,不会只为了人的发展,应届生也是战略规划的棋子,只见新人笑不见旧人哭,可是今日的新人就是明日的旧人,概莫能外。人为刀俎我为鱼肉的日子,高敏和"油腻"也是生理的自然反应,仅此而已。

第八章

为什么被裁员的总是你

价值是通过取舍来锚定的，人是通过被抛弃来定价的。

——题记

在本书付梓之时，我又参与近万人的大型裁员行动中，裁员远比招人痛苦一万倍，就像当你相亲的时候你才知道自己在别人眼里是什么样子的，当你被抛弃的时候你才知道自己价值几何。

1. 裁员基本法："双近效应"

如下是一份简单的问卷，6 个问题权当热身。

（1）你和你的直属领导最近一次沟通是什么时候？

①昨天

②一周以前

③半个月以前

④一个月以前

⑤三个月以前

（2）你所做的工作在公司是什么类型的业务？

①核心生产业务

②非核心但是主营业务

③非主营业务但是重要的辅助部分

④与主营业务有关联的创新业务

⑤中后台管理业务

（3）你经常给公司提建议吗？

①无论如何都不会说

②从不

③想提但不敢

④偶尔

⑤经常

（4）如下这些话哪一句是你经常说的？

①没问题

②我想想办法

③我觉得这样就可以了

④这事不归我负责

⑤你怎么老弄这破事给我

（5）你在当前的岗位上做了多久？

①半年

②一年

③三年

④五年

⑤十年

（6）你和你的上级、上级的上级是什么关系？

①同事

②同学

③同乡

④同党

⑤同床

抱歉，无法通过 6 个问题简单而粗暴地判断你的被裁倾向，但是里面隐含了两个"近"字，可以仔细品品。第一个"近"是你距离核心业务近，你能够持续创造经济价值。第二个"近"是你距离权威人士近，你能够提供情绪价值。如果你既能够创造经济价值，又能够提供情绪价值，那你自然不会被裁员了，或者说把你裁掉的综合成本比较高。

我亲身经历过两次大规模的正式裁员。一次是 2014 年 IBM 开始的阿波罗计划，另一次是 2022 年席卷互联网圈的大裁员。

2014 年 IBM 的阿波罗计划裁员是正式发布的一个裁员项目，彼时各级经理人、人力资源都在为这些上了名单的人在公司内部积极寻找合适的岗位，好像裁员的第一目的并不是清人走路，而是尽量能够留住人，尽量给人找到坑位。实在找不到的，都会跟这些人很亲切地交谈，把最好的裁员补偿留给这些人。虽然裁员是一场分手，但是大家都在尽最大努力留住每一个人。这个裁员规划也是在政府侧得到背书的光明正大的行动，明确了裁员的目标之后，反而没有了各种问题，因为大家不再纠结为什么是我，只会单纯地去争取合理补偿。这种阳光裁员并没有造成多大的动荡及舆情，甚至大家都欢天喜地地去申请裁员的指标，像抽奖一样。那是一次公开且连续的裁员行动，从裁员本身的角度来讲，是一次把负面影响降到最低的裁员，本质的问题还是业务的发展已经没办法养活这么多人，所以先做了一次壮士断腕，然后进行长期的观察和匹配，到底是不停地失血还是可以重新上路。从那次裁员开始，漫长不断的长期失血伴随着这家百年企业，直到今天依然看不到终点。这是一次不以人的意志为转移的裁员，无论你发展得多好，有什么样的能力都可能会被裁，跟个人的努力毫无关系，这种裁员相当于不可抗力因素。

2022年互联网公司大裁员的时候，气氛不太一样。颇有"诸葛亮殒命五丈原，全军撤退秘不发丧"之感。无论外界传言多么甚嚣尘上，公司管理层守口如瓶，并且紧急召开会议，只是声称"组织优化"，而非"裁员"。

与此同时，要求负责谈判的人和被裁员工在沟通时做好如下准备。

（1）和被裁员工谈判解约的会议室不能有窗户，以防发生意外事件。

（2）会议室桌子上不能有硬物，以免被裁员工情绪激动成为其武器。

（3）谈判时负责谈判的人坐门口，被裁员工坐里面，发生冲突时负责谈判的人可快速撤离。

（4）保安在楼道随时待命，以备不时之需。

（5）任何被裁员工有反抗或情绪激动的情况，即刻停止谈判并迅速撤离。

（6）下班前一定谈判完，避免出现"加班"被裁。

（7）如果被裁员工哭泣，不要先递纸巾，而要等其情绪宣泄完……

我理解公司为保护大家尽了最大努力，但是如此如临大敌未免让人唏嘘，这不是裁员，这是"渣男"抛弃原配。而且在裁员技巧的培训中欢声笑语此起彼伏，虽说无须悲痛欲绝，但毕竟剥夺个体工作的权利不是什么快乐的事情，恍惚间真心觉得应该再次革命，砸烂这个旧世界。

裁员的逻辑充满多样性，既有天灾也有人祸。一方面粗放的业务扩张步伐太大，只能止损收缩；另一方面是预防性裁员。举个例子，在裁员期间，我曾经跟几个创始人朋友在吃饭的时候聊起过此事，当听说大厂都在裁员时，几个创始人面面相觑，不约而同地在自己企业内部进行了减员行动，颇有"破窗效应"之感。

2. 面对裁员应知应会

了解裁员内幕心里会好受一点儿，掌握应对技巧兜里损失少点儿。

——题记

在抛弃和被抛弃阶段有两种思维需要重视。

敌意法则：研究发现，经济不平等会让人们的社会地位、权力、财富的高低相对性大大凸显，也就是说，你会特别容易感受到有钱人有多有钱，以及相比之下自己有多没钱。于是，人们就会更加关心自己是不是成功，同时也会更加渴望获得成功，他们会主动增加工作时长，会做出更多的经济冒险行为，也会更加关注象征财富的奢侈品。裁员时刻，直接后果就是不平等加剧，被裁员和主动施加裁员动作的相关各方会充满敌意。

零和思维：与此同时，裁员会造成局部经济不平等氛围，你的收益就是我的损失，会普遍更不信任他人，也因此对他人更加警觉，他人主动提出要帮你，你可能也会觉得"这个人是不是别有用心"。在裁员造成的高度不平等的环境里，不道德行为也会更多，因为人们都想逃出怪圈。而不道德行为越多，反过来，人们对不道德行为的接受和容忍程度也会越高，默许为了获得更多的财富和更高的社会地位可以不择手段。

面对裁员，我们应该知道的内容如下。

（1）裁员的表面理由。

一种叫作财务性的裁员，另一种叫作功能性的裁员。所谓财务性的裁员就是公司没钱了必须得收缩，那么至于裁掉谁留下谁的首选是从成本角度来考虑的。

功能性的裁员，顾名思义某一个业务不做了，比如我是开饭馆的，火锅不做了，只做炒菜，那么负责火锅的这部分人肯定就要撤掉，这些人要么转岗去洗菜要么离职。

（2）裁员没有公平、正义可言。

被裁的人总会问我为什么是他，我总是认真、耐心地瞪着眼睛编瞎话，我挺累的，对方挺蒙的。走到裁员这一步，这就是分手、离婚，纠缠谁对谁错、是否公平毫无意义。

（3）裁员的逻辑，有逻辑但绝对不会明说。

裁掉谁不裁掉谁肯定是基于逻辑做出的取舍，除非企业整体清盘，否则肯定是有舍车马保将帅的考量。那这个逻辑是不是可以明说呢？不可能。比如：预防性裁员，腾笼换鸟式裁员，换手如换刀式裁员都是如此。说个笑话，疫情期间和几个企业老板一起聊天，提及互联网公司的大裁员，几个老板也立即开始动手，把平时看着不顺眼的部门顺手砍掉，美其名曰预防性裁员，简直和于大宝的"保护性接应"有一拼。你如果真的要问裁员理由，我相信他们能洋洋洒洒讲出一堆，但没一句是真的。

（4）裁员的真实取舍，只有短期价值，绝无长期价值。

我们常说有长期价值和短期价值，那既然走到了裁员这一步了，其实长期价值早就没有人看重了，都是看中当季、当月的价值，只有这样才能不被裁掉。就像战争年代一条小黄鱼换一个窝头的道理一样。

（5）有一起拼，从未有一起赢。

巅峰巴萨2009年的梦之队，你记得左后卫是谁吗？"红箭三侠"利物浦复兴之旅，你记得曾经打过阿诺德替补的人是谁吗？是迪沃克·奥利吉，9次替补出场，拿下9个关键进球，他2022年转会AC米兰足球俱乐部，在最巅峰的年纪，立下汗马功劳，从一个顶级联赛转会到一个二级联赛，为什么？当然革命分工不同，没有高低贵贱之分，这个价值观是对的，但现实是NBA顶薪是可以给第六个人的吗？生意就是生意，一切都是计算得失，一切都是成本核算的。

（6）解决了显而易见的问题，才能显得有用。解决了未发生的问题，老板也不知道你到底是干了事还是没干事。

记得原来某论坛上有个帖子讨论张伯伦和乔丹谁更有杀伤力，讨论到最后是比拼绝杀次数，应该是乔丹绝杀次数领先，但有个网友回应说那是张伯伦在比赛进程中就已经获胜了，根本无须绝杀。这当然有抬杠之嫌疑，但是工作中的确有这种情况，还屡见不鲜。我带过的团队都风平浪静，稳步前进，但是都不被认可，直到换了人很多问题才暴露出来，那是因为我在的时候能够防患于未然，这样做反而不被认可，而只有那些已经暴露出大矛盾，然后你站出来力挽狂澜，这样做好像才是有能力的表现，养寇自重大抵如此。

（7）裁员中的阴招。

裁员阶段泥沙俱下，什么阴招都可能出现。在一次裁员当中，我的部门被直属上级盯上了，上级领导找我聊天，有意无意地告诉我，我的部门要被裁撤，第一个原因是集团领导认为该部门价值不大，第二个原因是我的部门最近与集团有过冲突，至于具体安排语焉不详、闪烁其词，只是告知我要被裁撤，所以早做打算寻找出路。

我当时非常诧异，因为按照我的判断，我的部门被解散的概率是零。首先，我刚跟集团领导进行过交流，当然这位领导刚刚空降不久，虽然如此集团领导仍然首肯，我的部门是要保留的，虽然没有明确我自己怎么样，但是这个部门肯定是要保留的。其次，相当长的时期，我的部门并没有跟集团产生冲突，那么对于我的主管领导提到由于我的部门与集团产生冲突造成部门被裁撤，我觉得这是无中生有。

但为什么会有这个说法我无从考证，本着时刻给相关方面施加压力的原则我采取了如下行动。我告诉时任的主管领导，如果上级是这样决策的，我首先会提出在集团内部转岗，其次我会去人资部门讨要说法，如果找不到岗位我将于

5月1日正式离职。对方一愣，他认为以我这种寡淡的性格和集团没什么交流，在集团不可能有什么人脉，并且他认为我并不喜欢冲突，自命清高，面对部门裁撤的消息，一定会负气出走主动离职，不会去纠缠人力资源部门，我这一举动让他措手不及，于是他对我的部门裁撤一事便莫衷一是，不再提起。

不过，我说到做到，我真的找到了集团领导，我是这样跟集团领导反馈的："听说集团将裁撤我的部门，如果裁撤这个部门，我愿意到集团其他包括地方上的兄弟公司去任职。"我也明确地提出了几个备选的兄弟公司。集团领导还是对我的直来直去表示欣赏，也表示我选择的几个分公司都是艰苦的地方，对我也表示了认可，说集团并没有明确决策是否裁撤我的部门，如果有这个动作，集团也会提前征求我的意见，给我安排其他的选项。由于我和集团领导的沟通属于正式会面，于是这件事变得满城风雨，尤其是我部门的同事，很多人都来找我，问是不是部门要被裁撤，我也很坦然地告诉大家说，这是我的主管领导所言，部门要被裁撤，既然部门都被裁撤了我自然要去谋求新的发展，我并不想离开集团。很快，另外一个消息传开了，说我即将离职，且离职日期是5月1日。这时候我就基本可以断定谁在捣鬼了，5月1日这个信息是我随口说的，而且我只对一个人说过。

世间事就是这么玄妙，经过此番折腾，反而没人再来找我谈关于裁撤部门的事情，我也乐得相安无事。过了没有半年，另外一个部门的经理离职了，我那个主管忙不迭地安排了一个他的员工上岗，而这个员工对那个业务一窍不通，彼时我终于看清了这出戏。原来我曾经是"男一号"，某人就是为了安插自己的小弟，不惜忽悠我离职，仅此而已。

大家在接到裁员通知时候的原则：不战不逃。具体如下所述。

（1）不战：不选择战斗。

战斗没有意义，如果是明确的裁员通知，你无论怎么战斗最多是上诉到法院，然后得到赔偿，不会有额外的奖赏，投入和产出不成比例。所以，不到万不得已不选择战斗。

（2）不逃：不选择逃避。

逃也逃不掉，你的人生不由别人定义，裁员只是一个确定性的结果，逃避也改变不了，还不如直接面对，该补偿补偿、能补救补救。

大家在接到裁员通知时候的应对小技巧如下。

第一口价不要接。补偿都可以谈，可以博弈。

有没有竞业条款，有没有保密的条款，有没有培训补偿，这些东西都可以通过博弈谈清楚。

民营企业非上市公司的股权、期权是比较复杂且灰度较大的方面，这些可以通过谈判解决。

3. 解决方案

这是一个无解的命题。

《失业白领漂流记》和《夹缝生存》这两本书告诉我们，失业，不是因为我们不够努力，而是结构性的不平等所造成的。而大多数企业为了在市场上立于不败之地、追求利润最大化，会将员工看作巨大机器上的零配件，可以随时更换。最残酷的是，职业道路上的成败和个人主观意愿并没有太大的关系。有些失业者是在整体经济下行的背景中，大幅裁员后的无辜受害者，有些是因为科技迅猛发展而被淘汰出局的，即使医生、律师、教授等有专业背书的员工，在人工智能的飞跃中也正遭受不同程度的冲击，更不要说大多数白领了，比如工作在管理、销售、公关岗位的员工，因为缺乏一套透明化的评价机制来评鉴他们的工作表现，所以也不能保证他们免于被裁员的命运。不得不接受的现实是，能够提供终身职位给白领的企业，已经是过去的事情了。

失业者要想改变这一切，从孤独的绝望中离开，需要的不仅仅是正视现实的心理，还有破除诸多无形社会壁垒的勇气。具体措施没法写出来，要么索然无味，要么就会被禁播。我只能建议两个原则：首先，正视现实的心理——努力做"三高"人员，高绩效、高频率、高能量；其次，有破除壁垒的勇气，以马基雅维利主义作为行动指南。

多伦多大学心理学教授乔丹·彼得森有一个观点：同时拥有高宜人性和强尽责性的人，在职场上容易被剥削。因为宜人性较高的人是"老好人"，会去理解并在意他人的难处和感受，就可能接受一些本不属于自己职责内的工作，而如果同时尽责性也很强，就会说到做到、任劳任怨。这时候，如果领导再是一个"暗黑破坏神"，他就很可能会被利用和操纵。巴拉巴西说过在他的成功公式当中，如果有绝对意义上的标准，那么就按照标准，如果没有绝对意义上的标准，那么社会网络对你的评价就是你成功的标准。所以我们不妄谈成功，但是我们需要对周围的世界施加压力，施加影响力，这种压力和影响力就能够在某种程度上保护你，不让你成为最容易被裁掉的那拨人。

（1）做"三高"人员。

高绩效、高频率、高能量。这条不解释了，太正能量，很辛苦又容易陷进去。

（2）做马大帅的信徒：不信任，只为赢。

现存的基本心理机制都是进化选择的结果。换言之，它们之所以存在并保持，是因为它们有助于我们的祖先获得生存和繁衍的能力。再换句话说，当前人类的心理与行为，是数百万年来人类这一物种为了应对生存问题进化而来的解决方案。请注意，这里会有一个错位，即这里所说的"为了应对生存问题"并不是存在于我们当下的环境中的，而是存在于远古环境中的。所以进化心理学家们常常说："我们生活在21世纪，却顶着一颗石器时代的大脑。"这就可能会造成一些麻烦的事情，那就是某些对于远古环境具有适应性的大脑功能，对于现代生活也许就没有那么适应了。再比如，人们在遇到威胁、刺激时，会激发出恐惧、愤怒等消极情绪，这些情绪同样具有进化意义，因为它们能够激发身体做出"战或逃"的反应，打得过就打，打不过就跑，以应对捕食者和竞争者。总之，在进化过程中，具有这些心理机制的人比没有这些心理机制的人更容易存活下来，便逐渐演化为现存稳定的心理机制。所以，在和平年代可以云淡风轻，并尽量抑制自己的过激反应，因为我们的防御机制是为"石器时代"准备的，过度防御或许会让自己显得神经质。但是到了裁员阶段或预测到有可能被裁员的时候，敌意法则与零和思维，甚至过度防御都应该被唤醒，不必信任任何人或事，只为利益最大化。

在这里分享我亲身经历的两个小案例，不全面，管中窥豹而已。

（1）食之无味、裁之可惜。

内特尔的进化心理学家说过："一些进化而来的特征并不是为了让你拥有愉快人生设计的，而是为了让你的祖先活下去所设计的。"有一类不易被裁的人具备这样活下去的特征：食之无味、裁之可惜。

刘彬彬，负责某国家安全设施的业务，每次都把一个巨大的饼拿出来比画，告诉公司他在跟进几十亿元的项目，而且这个几十亿元的项目，从头至尾只有他最清楚，你也不能说他这件事是假的，因为用户各级领导在与公司交流中，都承认有这么一个项目。且该项目处于保密阶段，信息渠道并不通畅，而刘彬彬就成了这个信息通道上的唯一管廊，他本人具有一定的稀缺属性，但是这样的故事说了 3 年一直没有落地。

为什么不裁掉他呢？因为大家都觉得可以赌一把，不裁掉他，公司付出较少的成本，培养一个几十亿元的项目，还是划算的。所以公司默认了沉没成本，正是基于此种考量，使得刘彬彬在裁员大潮下得以苟活。所以，你说企业裁员是理性的吗？当然不是，但也是理性的，你说没有逻辑吧，其实也有一些内在的逻辑，只是没有办法对外说而已。

（2）"菜鸡"随便"杀"，"天鹅"不敢"黑"。

这话有点儿可悲，但是各家公司尤其是大公司总会有很难裁掉的人，不是因为其能创造价值，反而是因为其具有破坏力。

新冠疫情开始的时候，刘思佳的 3 年工作合同刚刚到期，公司不准备续签合同，她作为第一批被裁员工已经板上钉钉。在当时的特殊时期，政府对于保就业比较慎重，于是，刘思佳抓住了这个时机，开始制造舆论。首先她跟公司申请，因为疫情原因造成无法出去寻找工作，希望给予"延毕"，就是希望公司能多给她几个月时间来找工作。当时这种情况很普遍，公司根据实际情况就默认了她的要求，双方达成君子协定，3个月后再执行。3个月后，刘思佳翻脸了，拒不承认有之前的君子协定，且因为已经过了续约时限，要求公司事实性履行新的劳动合同。这个过程的确由于人力资源专员及相关主管的工作有瑕疵在先，如果发生纠纷，则公司没有胜算。于是公司启动了强制解除合约程序，并按照法律要求给予相应的补偿。刘思佳立即予以反驳，列举前序的劝退、缓行等证据，以公司蓄意打压为由，要求司法仲裁。彼时舆论等方面对于公司的压力很大，公司综合考虑可能造成的商誉影响，便暂缓了针对刘思佳的裁员行为。

纵观历史，具有强尽责性、高宜人性人格的人非常容易被裁掉，而为达目的不择手段的人就很难被处理。经历了几次大规模裁员，我对"失业"这两个字有了更真切的感受，人到中年，职场危机已经伴随未来来到身边。原本以为打拼奋斗了多年的职场，是我们安全感和尊严的来源，可是不曾想到，突然有一天就被公司劝退，失去工作的一瞬间，房贷、老人、二孩、伴侣的压力纷至沓来，沉重无比。当离开了自己熟悉的岗位，人们一开始总会雄心勃勃地希望再找到一份理想的工作，重新找回自己的荣光。但我们真的可以做到吗？真的是只要拥有一技之长就可以顺利再就业吗？这些问题并没有确定的答

案。也许努力真的会有收获，但事实是，我们一旦失业，等待
我们的就很可能是更加下沉的人生，以及被抛弃时对于自身价
值的一次次否定。

细思几孔

在自然的生存法则和社会的普遍道德之间，请坚定地选择
前者。与此同时，请尽可能小心翼翼地不让别人发现这一点，
即使被发现也坚决不要承认。努力使自己擅长伪装，表里不一
是必修课，不必愧疚，更不必自恋，因为这并不高尚也不低
俗，更不必总想占据好位置而大出风头，躲在暗处，悄悄策划
下一步的战术行动，闷声大发财，难道不是很美妙吗？考虑到
在漫长的人类进化史中，稳定安全的时期实属罕见，多数是艰
难且不可预测的，而当下不稳定、不确定、复杂和模糊又是世
界的新常态，那么，请尽可能抓住足够多的资源，认真尝试去
控制住局面，对未来真正的慷慨，是把一切献给现在。

第九章

工具理性指导下的病态招聘

依靠"能人"是一个办法，我说的是联产承包责任制。

——题记

可能每一位面试官都会有一个潜在心理——候选人最好能够完美契合他的要求，最好各方面都能达到他的标准。见了1500 人后我终于知道这是潜意识里惰性气体在发挥作用，候选人需要知道，但凡遇到有类似想法的面试官，都要仔细审视，因为在其潜意识里把对方当成了牟利工具，基于这个逻辑需要计算清楚无法计算的算计。

1. 招"救世主"

英国著名女人类学家玛丽·道格拉斯曾写过一本书，叫《制度是如何思维的》。这个书名就有意告诉我们，制度是会思维的。这样的一个命题使得我们对制度的认识有了一个很大的进步。但遗憾的是，学者们最终还是将制度的思维归结为人的思维，即制度的思维是通过人来进行的。于是人和制度，又被简单地混在了一起。在这里，我特别想要指出的是这样一点，制度的思维与制度中人的思维并不完全是一回事，制度的思维与人的思维有时是很不相同的。制度当中的每个人可能都理解一件事情，但是作为制度的思维没有办法理解，体制或制度的思维为什么会和人的思维不一样？因为人的思维取决于人的智力与知识，而体制的思维则取决于体制的逻辑与氛围。一个人把塑像摔坏了，所有人都可以理解他不是故意的，是不小心的，但体制没有"不小心"这一说。不管怎么说，你把塑像摔坏了可是一件大事儿。

在招聘许多相对重要的岗位时，成熟企业中的体制思维就开始起作用，留给人的判断、容错余地就很少。面试官在面对体制的强大压力时，首先追求的是免责，其次就是"交作业"。因为体制的思考是刚性的，面试官在招聘过程中的任何判断和思考都会被结果无限放大，体制不会给过程留任何回旋余地，这就是体制思维的低智商。所以此时此刻，招一个所谓全能型"救世主"就是企业的惯常想法。但是就个体而言，每个人都知道从来就没有"救世主"，如果你是体制中的人，那么你别无选择，至少你会努力尝试去找一个最像"救世主"的人，否则就是价值观有问题。

招"救世主"这件事有两个悖论：首先，没有"救世主"；其次，能招来的都不会是"救世主"。

有一个不恰当但很鲜活的例子，中国国家男子足球队（简称"中国男足"）的归化政策，这就是典型的招"救世主"的案例。

就足球运动本身来说，中国男足是足球实力综合的体现。只有联赛、青训营各项工作都做好，各个梯队都提升实力，中国男足的水平才能水涨船高。而直接归化 11 名外籍高水平运动员，只能起到在顶端昙花一现的作用，对于这项运动意义不大，也无法对整体实力提升产生积极作用，反而容易造成急功近利的思想。这和企业发展有类似的地方，企业发展需要系统的各个部分均衡发展，如此才能达到系统最优的状态。归化 11 名外籍高水平运动员是中国男足急功近利的表现，寻找到"救世主"也往往是寻求捷径的代名词，中国男足不尊重客观规律，企业这么做也是源自对客观规律缺少敬畏，也是某种懒政。

但是，有人会说"救世主"总有点儿用吧？"救世主"肯定有一些能力，就像归化球员，能够在短期内提高成绩，给肌体打一针强心剂。我们如果把这种短期刺激结果内化下来，形成自身实力，那"救世主"就有价值了，但事实上，很多企业用人的方式都采用了归化球员的方式，不是为了内化能力，而是为了短期出成绩。那么能不能短期出成绩呢？至少中国男足的归化策略结果已经说明了一切。对于系统建设而言这只能起到饮鸩止渴的作用，企业发展并不是一个线性过程，不是找了一个人就能解决一切的，而且找到一个"救世主"往往还会掩盖一些深层次问题。比如中国男足的青训营投入不足等，几个归化球员场上的精彩表现，只会使这些问题暴露的时间拖后而已。

大家可能以为成熟型企业应该不会出现招"救世主"的情况，但事实是成熟型企业虽然有一套成熟标准的流程，但是企业本身未必成熟。成熟型企业中的人考虑的永远是局部得失，这是一个正常的心理，局部得失永远有交差心理、免责心理，所谓"一念嗔心起，百万障门开"，递交完美答卷的心理会主观地美化候选人的能力，候选人的能力本来可以得 8 分，由于主观的倾向性最后得了 10 分。同时，成熟型企业中很多问题积重难返，抽丝剥茧去解决问题会触碰很多既得利益，招一个能人去解决问题，企业进可攻退可守。如果能人运气好解决了问题，那么皆大欢喜；如果能人"出师未捷身先死"，那么企业最多"长使英雄泪满襟"即可，丝毫不影响企业的发展。所以，在成熟型企业中做"救世主"或"背锅侠"，只有一念之差。

在成长型企业中这种现象更加严重，本来成长型企业中招聘就是创始人自己的事儿。创始人背负着找人、找钱、找方向的压力，他也会以自己的找人能力强作为比较优势，很多时候有意无意地规避了团队建设的过程。从实际情况来看，成长型企业的反馈周期要求非常短，总是难以平衡长期团队建设和短期业务压力的关系。创始人总是希望招聘的人来之能战，而且由于事情多且不确定性高，创始人更倾向于交给一个具体的人去试错，打赢了最好，打不赢再换一个。创始人在早期创业时就是这么过来的，他们会认为找到了"一号位"，赋予其足够多的自主权，一切就成功了。

但是，这种做法带来的问题也五花八门。第一，过度期待可能造成失望。企业总是怀着最美好的期待张开双臂拥抱人才，但候选人未必能够满足企业的期望。一旦候选人无法实现企业的期望，就可能让企业感到失望，并对候选人产生不满，甚至可能造成裁员和员工流失。第二，过度依赖可能造成风险。企业过度期待候选人的能力和表现，往往会过度依赖候选人，这种过度依赖可能带来各种管理风险、道德风险。例如，对于"救世主"型候选人过度的放任，会造成企业财务及商誉的损失。第三，过度工作可能造成疲劳和不满。企业过度期待候选人的能力和表现，往往会让候选人过度工作，如果候选人无法承受这种工作压力，可能对企业的业务和声誉产生负面影响。因此，企业在招聘过程中应该对候选人保持适当的期望，并采用合适的招聘方式，从而为企业引入合适的人才，实现企业的长期发展。同时，企业也应该关注员工的工作环境和福利，保持员工的工作热情和动力，从而为企业带来更好的业绩和口碑。

有个真实案例，鉴于此时当事各方依然在挣扎中，且我都在事发前预警过，因此只能脱敏输出一部分，由此大家也能理解公开发表在媒体和社交网络上的信息能有多少可信度。

曾经有一家中等规模的企业要招一个商业化"一号位"。

创始人我很熟悉，平时经常会交流一些企业运营的体会。突然有一天约我见面，我当时经常出差，也就没太当回事儿，结果对方反复约时间，我已经很不好意思了，于是那天我特意坐了早班飞机赶回北京，下午在朝阳门一家咖啡厅见到了这位创始人。

一开始我们聊了很多关于业务的问题，ChatGPT 起来之后唯有围绕行业纵深挖掘才是正路，针对这一点我们聊了很多。星巴克的红茶很干涩、很苦，我不爱喝咖啡于是就不停地喝茶，喝到后面我已经非常想去厕所了。创始人突然抬高语气问道："跟您打听个人……"当时我发现咖啡厅所在的二楼没有厕所，于是就用余光四处寻找，心里盘算是不是问问服务员。此时此刻的问题，我顺口回应："别客气，您说。"在分神的一瞬间听到创始人问道："你认识吴华东吗?"我正急于找厕所，于是心不在焉地回应道："这个人我了解，脑子有点儿不好。"事实上吴华东和我有些交集，这个人原来做研发出身，疫情期间接线上业务自然增长得不错就转型做了业务。面对新业务他有点儿不知所措，由于家庭原因个人经济压力也比较大，于是，当用户方提出的要求无法达成的时候，他经常表现出各种推诿，欺骗公司。那个时候我对他已经有了基本的判断，这个人对于趋势性问题理解不透彻，往往会为了利益而丧失原则，同时又经常编造理由忽悠公司，且理由很牵强，毫无技术含量。于是，基于以上考虑，再加上想上厕所，我随口说道这人不太靠谱，说罢便飞奔去了厕所。

当我带着轻松惬意回来的时候发现创始人正紧盯着手里的茶杯，眼神随着旋转的茶叶末变得浑浊，一瞬间我理解了北京的俗语"转腰子"。创始人其实是一个很骄傲的人，平日里口口声声说着自己各方面的短板，想学习这个学习那个，但是每当你有不同意见的时候，他总会微笑地点头表示同意，从绷紧的下巴及闪烁的眼神可以窥见内心剧场的不屑一顾。创始人不失尴尬又佯装坦诚地顿了顿："您能再详细说说关于吴华东的事情吗？为什么觉得他不'靠谱'？"可能是生理上的轻松感让我放松了警惕，我毫无保留地说了观点："首先，华东同志的成功履历大多是在顺境中坐车陪跑的，从未有过自己的表现，后来几次的独立面对挑战都表现得拉垮。其次，在几次拉垮的表现中，最大的问题是经常出现常识性错判趋势，且为了一己私利会选择放弃公司利益。"

创始人的面部肌肉在抽搐，他吞吞吐吐地说道："其实我想招一个商业化的'一号位'，和吴华东已经谈了半年多，几个股东对他都很认可，我非常希望他在我们这取得成功，今天本来想找您再侧面印证一下。"那一刻我已经猜到创始人可能是想招募吴华东或与其合作。吴华东曾是某互联网大厂的管理层，在外资企业做过管理者，是一个跟随型人才。同时，这个人不能做开拓性业务，曾经两次栽倒在同样一个坑里，两次失败的原因都是一样的，面临创新发展的环境，没有答案可以照抄，结果吴华东两次都败下阵来。于是，我提醒这个创始人：
"一方面，您希望帮助吴华东在贵司成功，其实是想找一个
'救世主'，另一方面您找我印证，就说明还是有所顾虑，我
不能有所保留，就眼前这个候选人，他的能力模型无法适配您
的要求，我个人观点，他只适合做您的助手，您甚至可以再找
几个类似的助手，而不是只圈定一个'救世主'。"

后来，创始人没再和我联系，我也不知道后续情况如何，
只是在一次展会上遇到了吴华东，他兴高采烈地告诉我他去了
一家初创企业做总裁，薪酬待遇很好，创始人很信任他，有很
多钱可以"烧"，压力比以前小多了……

2. 招师爷

陈道明主演过一部很经典的电视剧——《绍兴师爷》，它
讲述的是晚清衙门里的故事。电视剧里面有一个很经典的场
面，一群绍兴师爷在历经了很多大大小小的磨难之后，在一起
酒足饭饱了，像是在召开总结大会。其中有一位老资格的师爷
就提问了："咱们都是师爷，也都干了一辈子师爷，大家有谁
知道，师爷究竟是一个什么职业啊？是干什么的呢？"因为大
家都是干师爷这个工作的，各个都深知其中的酸甜苦辣，各种
的辛酸、委屈都门儿清啊！

可是，真这么一问的话，说什么的都有，毕竟仁者见仁、

智者见智，可是大家都说了一番之后，提问的老资格的师爷都摇摇头，说"不对、不对"。大家忙问："那师爷到底是什么啊？"作用不可谓不大，但是地位又很卑微，上不得台面，还经常被人指指戳戳、骂东骂西，甚至骂什么的都有！那位老资格的师爷，最后抽了一口水烟袋，吧嗒吧嗒之后，才缓缓地、轻轻地说了一句："咱们师爷啊，就像老爷们脑袋上戴着的官帽后面的那根帽辫子，只能在脑袋后面，借着老爷们的脑袋，才有存在的价值啊！"

说完之后，各位师爷顿时失声痛哭！的确是的，老爷们都是科举高中的幸运儿，可是在真正治理地方上的事情时，却又一窍不通，只能靠师爷们帮忙，而师爷们虽然都是职业的行家里手，却又永远当不了老爷，因为科举那一关过不了，所以就永远只能借着老爷们的脑袋，做着幕后出出主意的活儿。

放在今天来看的话，很多岗位，真的很像"师爷"这种角色！当然不完全一样，不过，细细品味的话，相似性也是很高的，多少都带有参谋、助手的性质，关键时刻都会帮忙出谋划策，也都是上司信得过的人。大家都在一条绳子上绑着，都是"一荣俱荣、一损俱损"的关系，都要靠着上司的得意而得意！

很多企业在招聘的时候本意也是招一些师爷，只是冠以各种好听的头衔而已。招聘"师爷"其实很合理，员工本来就是成本的一部分，而不是资源。如何以最小的代价让员工发挥身上的价值，这就是企业打的小算盘。而且，也是一个愿打一个愿挨，公平交易买定离手。虽说这种做法比较短视也缺乏人文关怀，但是在真实世界里这种现象比比皆是。

利润和成本控制是企业的考虑因素，而员工则被视为成本，而不是一种资源。为了控制成本，企业可能会采取一些不利于员工的措施，如减少员工的福利、增加工作强度等。在这种情况下，员工的发展和成长不被视为重要，因为企业的主要关注点是利润和成本控制。这种想法也没错，但是它会有很多弊端，因为在现代社会，彼此都有戒备。你如果给足够的对价，那当然一个愿打一个愿挨，但事实上，这种价值的兑现总是不能准确匹配的，而往往是你给钱少了，然后你要得还多，最终结局就是其实你买了一堆假冒伪劣的东西，半真半假的东西，当然了，这就是真实的世界。所谓师爷，其实就是希望再招来这个人，让人家把一生所有的积累都发挥出来，这是一种短视的想法，因为事实上知识能够发挥，但是功力是不可能发挥完的，所谓信息可以发挥，但是建立的价值网、关系网是永远发挥不完的。

著名互联网公司某度就做过这么一次。

2021年底，他们挖了我团队的几个人。那个阶段我们也在裁员，人员流失很正常我也没太在意，后来让我有所察觉的是一些不在名单中的同事也都蠢蠢欲动。于是我与即将离职的同事进行了离职面谈，发现这几位兄弟都准备跳槽去某度，而且斗志昂扬，有的人还信誓旦旦地认为这是得遇明主的机会。

我觉得很诧异，仔细一问发现是某度要大力投入相关业务，于是从我这儿开始挖人。我当时觉得很好笑，因为这个业务我们尝试3年了，已经濒临放弃阶段。这是一个对系统资源要求苛刻的业务，仅仅靠几个研发人员肯定不够，所谓水很深。某度肯定知道这是在拾人牙慧，他们突然招募这些人一定目的不纯。

好在我和对方的几位领导有一些私下的交流，大致读懂了对方的内心剧场。

某度计划拓展相关业务，但是迟迟下不了决心。一方面看到竞争对手比如我们攻城略地，另一方面也听说此领域颇多蹊跷，并非优质选项。于是，"抓几个舌头"问问情况，或者请几个"师爷"榨榨油就变成了最不坏的选项。那么抓"舌头"请"师爷"到哪里最靠谱呢？他们想到了我这里。彼时，我们在此领域耕耘3年多，可谓吃过猪肉也见过猪跑，对此领域有深刻认识。而且我司正在裁员，本领域亦是重灾区，人心思动之际堡垒最容易攻破。几位同事临走之际显得非常兴奋，认为自己终于找到了一个可以占山为王的好机会。我无意破坏别人的"小确幸"，只是建议他们务必多捞点儿资本，金钱、资源都算数。同时也隐晦地提醒他们，李地主家没有长期打算，把他们榨干之后可能会扫地出门，让他们多留心眼儿。

果然半年以后，这些人就开始纷纷离职，原因大致有两类：一是某度觉得他们做的事儿不神秘了，他们兜里的东西已经被掏干净，可以安静地走开了；二是有人发现某度没有投入，完全指着新人自带干粮上山干革命，这绝非长久之计。

事实上，通过这样一番操作，某度还真的看清了这个领域，从战术角度来看，这一招起到了作用。招师爷和招"救世主"不一样，师爷对企业来说是性价比很高的选择。对候选人而言正相反，处理不好就绝对是一个坑，处理好也可以利益最大化。

于斌，是我的一名队员。一个春风沉醉的夜晚，我们在西溪湿地公园团建之后，他非要送我回酒店，我平日生性寡淡，喜欢安静，最不喜迎来送往，大家基本都了解，虽然此刻微醺，但返回住宿依然毫无障碍。他突然请求护送，我猜测必有玄机，当时正值年中，不存在升迁嘉奖之事，想必与离职跳槽相关。

到了酒店，找一茶吧坐定。于斌先虚情假意地说道："花哥，我可能要对不起您了，我准备马上提请辞职了。"我没给他反应的机会，直接告诉他："我猜到了，否则你半夜三更到酒店来约我干吗呀？"于斌继续扭捏地说："感谢您这几年的照顾。其实我也这个年纪了，我希望有机会去外面闯一闯。"我半信半疑地问："你准备去干吗呀？"于斌说："我有一个大学同学拉我一起去创业。"听到这儿我就明白了，这个基本上是属于忽悠。因为以我对于斌的了解，他根本不是一个适合创业的人，从来没有做过准备。于是我问了他具体的问题，我说："你们出去创业，股权结构怎么谈的呀？"于斌说："这还都没谈，我们先去做就好了。"我当时彻底明白了，这完全是在搪塞我。于是我给他出了3个选项："第一，如果你离职之后去的是一线大厂，我认为这是最优解；第二，如果你去不了一线大厂，就去几个成熟企业做个团队负责人；第三，如果以你目前的状态去创业，那就是去送'死'。"

于斌沉吟片刻说道："花哥我错了，我其实是被某度给挖走了。那边想重建这个团队。"于是我笑笑后跟他说："我猜到了，这是个不错的选择，我只建议你在这个过程当中提升个人的资本比，行政级别要提升，个人收入一定要提高一些，因为依我个人判断，他们这业务不是长线打算。"

大约半年以后，于斌不出意料从某度离开了，他在某度获得了成功的转型，成了一个优秀的管理者，一家民营企业把他挖走，他成了那家民营企业的副总裁，仅仅一年时间，他就通过这一次跳槽改变了自己在价值网中所处的地位，在这一过程中非但没有受损，且放大了个人收益。

总体来说，企业找"救世主"对企业而言弊大于利，而对于个人而言是利大于弊。你把我当成"救世主"一样供着，那我就可以为所欲为了。而企业招师爷对企业来讲是利大于弊的，但个人在这个过程当中一定要看清楚，避免在被榨干抹净之前就完全捐献了。企业跟企业合作不是讲风险的，这是一个讲等价交换的时代，和位置高低无关，既不想培养你，也不想和你共成长，甚至你最好不要成长，因为你成长了我反而驾驭不了了，所谓翻身农奴得解放是绝对不允许的。

3. 绕不开的工具理性

马克斯·韦伯在《经济与社会》一书里提到，可以把理性划分为工具理性和价值理性，用它们来分析社会行为和社会现象。韦伯说，工具理性指的是"通过对外界事物的情况和其他人举止的期待，并利用这种期待作为条件或手段，以期实现自己合乎理性所争取和考虑的作为成果的目的"。也就是说，一个考虑工具理性的人，他所选择的行为，一定是能用最快的速度和最小的成本达到目的的，而不会去考虑这样的行为是不是有价值和情感温度的，所以工具理性也叫作效率理性。一般来说，把金钱放在第一位的人，更多是从工具理性出发的。而价值理性指的是"通过有意识地对一个特定的行为伦理的、美学的、宗教的或做任何其他阐释的无条件的固有价值的纯粹信仰，不管是否取得成就。"通俗地说，就是人们的行为更多考虑行为本身是不是有价值的，而不在乎这个行为的成本，甚至是行为的结果，更加强调动机的纯正性。

在实践活动中，工具理性注重手段、注重条件、注重形式、注重程序，而价值理性注重目的、注重理想、注重内容、注重实质。工具理性强调结果和效益的最大化，而价值理性强调行为背后真正的价值和含义，强调道德精神领域的东西和对人的终极关怀。仅从企业招聘的一个环节来看，工具理性占据绝对的主导地位。这也很好理解，雇主和雇员都在想着怎么实现，甚至是想着怎么抄一条捷径去实现所谓的目标，比如业绩增长、利润爆发、名利双收等。从历史的角度来看，人们都在疯狂地追求财富。很多人心中达成了这样的共识：资本的积累才是绝对的真理，所有的一切都要以效率和利益为先，这就是当今社会的实际情况。

不得不承认，无论是招"救世主"还是招师爷抑或是招常工，都是权衡利弊后的选择，这个权衡的逻辑就是工具理性。手段、目的、效率是现代社会至少是大部分现代企业中的高频词汇，精确的公式，毫不掩饰的欲望，就像一台高速运转的机器，每个部件按照职能分工，紧密连接，高效运转，无不在彰显严肃而膨胀的财富观和无法计算的算计。虽然我们知道，过分偏向工具理性会产生极端，但是对于局部个体基本上无能为力，无法摆脱工具和秩序的控制，甚至尝试抵抗都会得不偿失。

在某种程度上，当事双方在工具理性的作用下造成了病态招聘棘轮效应般的存在。棘轮效应，本来是指人的消费习惯形成之后有不可逆性，即易于向上调整，而难于向下调整。尤其是在短期内消费是不可逆的，其习惯效应较大。学成文武艺，货与帝王家，自古以来雇主和雇员之间就呈现着某种消费关系，"救世主"、师爷是雇主对于雇员的产品定位，奢侈品、耐用消费品……而当雇员意识到其实雇主不过是来消费自己的，雇员也会以货比三家，即利益最大化的方式去应对，从而造成双方都会产生由俭入奢易、由奢入俭难的棘轮效应。因此，在反思工具理性作用下的招聘现场，云淡风轻地得出各种结论是相当容易的，但是真正付诸实践且能够找到更好的方式就会陷入某种囚徒困境般的轮回。

细思几孔

《出身：不平等的选拔与精英的自我复制》一书的作者劳伦·A.里韦拉曾经描述过名企选拔精英的逻辑，大意是："看似公平的竞争实际上建构了不平等的选拔，成为精英自我复制的助推，以及构成寒门子弟向上流动的壁垒。"在当前开"卷"有益的时局，这种情况也日益普遍，顶尖企业的面试官更看重契合、驱动力等主观因素，本质上是在挑选与自己和客户更加合得来的"同路人"。"面试"对于候选人更多的是某种特定的才艺表演，而对面那个旋转座椅是否会为你转身则既取决于你的硬实力，也取决于主办方的整体策略。就像研究单只蚂蚁的行为永远不可能揭示整个蚂蚁帝国的运作模式一样，系统之所以复杂，是因为它本就无法通过局部部件的功能和状态来预测整体趋势，部件之间的相互关系和互动机制——尽管这种互动往往遵循着简单的规则，却是系统最重要的部分。所以，尽人事安天命吧。

第十章

后记·职场大模型

当你怎么做都不能适应的时候，想想，错的可能是系统。

——《人生分割术》

然而，即便世界如题所示，"躺平"都不是最优解。

1. 职场资产配置

如果你问一个资深的财务顾问，如何让你的投资获得最高的长期产出，他会告诉你，关键是"资产配置"。换句话说就是，你是否在正确的时间投资了正确的东西，即股票、债券、期货和其他资产类型。职业生涯也是一样的道理，只不过关键的变量是你如何配置"职场资产"，要获得理想的职业生涯，就要认真积累、正确配置你的"职场资产"。既要静态地接纳眼前，也要保持对未来的期许，既要"躺平"也要奔跑，保证职场资产保值增值，大概率不会有错。

什么是"职场资产"？布赖恩·费瑟斯通豪在《远见》一书中给出了答案：可迁移的技能、有意义的经验、持久的关系。技能、经验、关系这3个名词并不新奇，重要的是3个定语，可迁移的、有意义的、持久的。

（1）可迁移的技能。

技能很容易理解，就是你在职业生涯中获取并拥有的各种基本能力。它们不仅是帮助你完成眼前工作的技术知识，而且是当你从一份工作换到另一份工作，从一家公司换到另一家公司，甚至是从一个行业换到另一个行业时都能依靠的能力和基础。可迁移技能指的是一个人在某一领域或环境内所掌握的能力、知识或技术，可以在另一个领域或环境中得以应用和发挥作用的能力。这种能力可能是基于更通用的认知或社交技能，例如批判性思维、沟通、协作、问题解决和领导力等，也可能是特定的技术或专业知识，可迁移的技能是职业发展的基础。

不过，根据我面试过1500人来看，有几点特别需要注意。

同一领域内的技能更具备可迁移性，通用技能的可迁移性往往都比较差，所谓隔行如隔山。除了在应届生的面试过程中有所触及，社会招聘环节通用技能意义不大，充其量只能算基本素质。

技能的迁移有局限性，在领域内横向迁移比较容易，比如从同类型的企业、同类型的岗位横跳是常态，纵深迁移有难度，层级跃升需要其他相关能力先提升。比如所有招聘广告中最后标注的"有相关工作经验者优先"。这个"相关"就是具备横向迁移的技能。

举个例子：此前，我从事了十几年的面向政府机构的销售工作——销售计算机软硬件产品。如果此时考虑跳槽，首先应当做的是盘点一下自己的工作。为此，需要将自己过去工作的大概内容写下来。通过梳理工作内容，能够提炼出自己的"职场资产"。那么，我现在的"资产"就包括：一是计算机软/硬件的销售经验；二是开拓政府机构市场的能力；三是团队管理（7人左右）的能力；四是计算机行业的经验。其中，前三者就构成了"可迁移技能"。即，我的能力就是面向政府机构的销售及开拓计算机相关市场。关键能力：一是销售计算机产品的能力，二是对于政府市场的理解能力，三是管理能力。从严格意义上来说，销售递推、市场开拓和团队管理属于专业技能范畴，都属于可迁移技能，如果离开这家公司去其他公司，那么我依然可以靠这三板斧混口饭吃。而政府、计算机领域的认知属于经验范畴，政府是怎么运作的，计算机行业有哪些策略，这都是长期积累才能掌握的经验。此外，所谓的"经验"则是与岗位不相关的技术，其包括的范围更广。代表性的经验有部门经理的销售管理经验、子公司管理的经验、项目管理的经验、组织负责人的经验等。就我而言，销售、市场开拓和团队管理属于能力范畴，政府和计算机领域的认知属于经验范畴。关键在于此类资产能否应用到其他公司，如果经验不能应用到其他公司，就不属于可迁移资产。而因为与政府客户长期打交道，势必结交了一些关系，一起共过事，一起做过项目等，这些都有可能成为持久的关系，也可能成为职场资产。

（2）有意义的经验。

你的经历乘以你的思考，产生的化学反应，是有意义的经验，所谓行万里路，但不是邮差。

有意义的经验是指能够为个人带来成长和启示、增强自我认知并产生积极影响的经历。这些经验可能包括勇于面对挑战、敢于克服困难、学习新技能、与他人建立联系、探索新领域或实现个人目标等。有意义的经验可以激发个人内在动力和自我发展的愿望，增强对自身能力和职业定位的认识，提升对生活和事业的自我满足感和成就感。不管是工作之内还是工作之外，只要它们可以证明你至今为止的生活和职业生涯具备多样性，这都是有意义的经验。

同样，积累有意义的经验需要识别经验和经历的区别。

消磨时间的经历远远不够。比如我在 IBM 产品部门时，有一群同事好几年如一日，只是负责做报价，虽然领着一份还算体面的薪水，但是其他技能没有任何增长，甚至变化都没有，这种就只能是经历而不是经验。再比如，选择进入一家将10 年前的产品卖给同一客户的公司。在急剧变化的社会中，在同一个地方卖着与 10 年前一样的产品，这就是毫无应变的一种表现。市场发展得越来越成熟，对于公司来说，这是好的一面。但是，对于新员工来说，则是最不好的情况。因为现在你加入这家公司，只能是一种随时可能被替代的存在，也就是说，你变成了一种"日用品"。因为有些人已经在你所在的公司里工作了至少10年了。

经验的积累需要成本。有复利效应的经历才有价值，失败的经历一次就够了，反复在低层次积累失败，边际效应递减，那只是煎熬不是经验，经验是指有复利效应的经历和体会，反复重复那就不是经验而是自虐。

有意义的经验会助力你离开舒适圈，加速你进化出新的职业技能。

绝大多数人的职场经历都在某种可控的环境中，就像温水煮青蛙，缺少适应性。我通常会在候选人的背景中寻找多样性经验，确保他们拥有适应性和灵活度。在不同的环境中尝试不同的事情、试验不同的做事方法，这样能创造出更强的决策技能。如果我们一直用同一种方法做事，虽然会变得很有效率，但这种状态很脆弱。我们都知道，在遗传学中，一定程度的遗传多样性和基因突变会创造出更有活力的物种。不要让你的职业生涯脆弱不堪。随着职业生涯的发展，你要寻找机会分别到一家大公司和创业公司的环境中工作，要找机会去国外工作或至少去几个不同的城市，还要努力发起一些新项目、处理一次危机，并在明显存在个人失败风险的情况下攻坚大型项目，承担重大任务。在我经历过的行业里，大型产品发布、新业务开发，以及全新的商业模式构建所组成的熔炉磨炼了许多人的职业生涯。这些任务不仅繁重，而且时间紧迫。它们迫使人们离开舒适圈，在可能的失败面前体会大汗淋漓的快感。马克·利纳是世界上最大的传播集团 WPP 的人力主管，负责的员工数量接近 20 000 人。当他计划雇用或提拔一名新的领导者时，就希望能看到对方领导力多样化的证据。他们创立过新东西吗？他们曾经快速扩张过一家企业吗？他们曾经拯救过一家濒危企业，使之起死回生吗？这都是有意义的经验。

顺便说一下，在我们那个阶段曾经有一幅最受欢迎的人才画像：外资企业 + 初创企业，因为这意味着你有过规范化的体验，也有早莽英雄的经历，二者交叉是最好的经验。

（3）持久的关系。

持久的关系可能是最有效、最耐用的一种职场资产。所谓关系不是联系，和你发生过化学反应的联系才叫关系，否则只能叫联系方式。产生化学反应，就是你对这段关系施加了独一无二的影响，这段关系在时间和空间上长期保持联系和互动，其中的双方或多方在感情上、信任上或合作上有着深层次的连接和承诺。这种关系可能建立在家庭、友谊、恋爱、婚姻、工作、事业等各种领域中，需要双方或多方共同经历并克服各种困难和挑战。

拥有持久关系的一个最直接的收益就是更容易获得工作机会。40 多年前，斯坦福大学教授、社会学家马克·格兰诺维特在马萨诸塞州牛顿市，首次探究了职场人士是如何找到工作的。格兰诺维特采访并调查了数百名近期更换工作的职场人士，其中超过一半（56%）的人表示，他们是通过个人关系找到工作的。在收入最高的人群中，有 3/4 的人是通过他们自己的人际网找到工作的。然而，令格兰诺维特吃惊的是，受访者在对话中反复说："不，不，不，不是朋友，只是一个'熟人'。"受访者从很少见面的人那里获知自己工作机会的可能性，是从亲密朋友或家人那里获知自己工作机会的可能性的两倍。格兰诺维特据此完成的论文《弱关系的优势》首次向人际网运作的传统观念提出了挑战。他的研究成果经受住了时间的考验。尽管自他完成那篇文章以来，招聘行业已经发生了翻天覆地的变化——LinkedIn、Glassdoor 及其他线上求职网站陆续出现，但仍有半数以上的职场人士利用他们自己的人际网寻找工作。那些通过个人关系来寻找下一份工作的人，花费的时间更少，而且最终工作的收入和地位更高。

其实不用引经据典地找 40 多年前的外国证据，从我过去 3 年的面试情况来看，有接近 33% 的候选人是猎头推荐的，而猎头又会与面试官进行深入的交流，起到很大的促进录取的作用。同时，有大约 5% 的候选人是熟人推荐的，不要小看 5% 的比例，熟人推荐的候选人的录取率远高于普通候选人的录取率。基本上录取率最高的是熟人推荐，其次是猎头推荐，而盲投的候选人基本上连面试的资格都很难获得，这就是赤裸裸的现实，有人推荐和没人推荐的差别是巨大的。

拥有持久的关系及更深层次的收益是获得工作幸福感的前

提。研究人员发现这些人际网具有一系列非常具体的特点，核心人际网通常由 12 ~ 18 个联系人、6 种关键角色组成。在他们的核心圈子里，至少有一个人可以为他们提供：信息渠道、正式权力、发展反馈、个人支持、目标感、对平衡工作与生活的支持。在他们的核心圈子里，一个人也可以扮演多种角色。关键是，这些事情他们都不会自己去完成。前 3 种角色是职业成功的关键。导师和赞助人在信息渠道、正式权力、发展反馈 3 个方面可以发挥重要作用。此外，在他们的核心圈子里，还有人可以倾听他们的倾诉、提供个人支持，如门徒、老板、客户、朋友或家人，这些人能够帮助他们找到工作的意义，并重新引导他们朝着主要目标前进，符合这些条件的高管是最幸福的。当然，他们还有一些支持者，这些人会时刻提醒他们审视自己的价值观，注意维持工作与生活之间的平衡。

创新教父克莱顿·克里斯坦森曾经写过一本书《你要如何衡量你的人生》，书中提到人生幸福的 3 个要素，第二个就是有美好的家庭关系和朋友关系。他认为对于生活的基本问题，并不存在所谓的特效药和快速解决的方法。因此，健康持久的人际关系能够给你提供广泛的洞见和力量的源泉，给你寻找答案最好的支持。持久的关系强烈影响着我们的职业轨迹，并组成了一个生态系统。大家需要定期盘点自己的职业生态系统，确保它们为你提供的是正向支持，其中有 3 种角色尤其重要，它们是连接者、重磅嘉宾、关键支持者。

连接者，这是很特殊的一群人，能够串联起各路"神仙"。许多人都错误地认为"联系人代表一切"，好像这才是职业生涯成功的起点和终点。虽然增加初级联系人可以拓展你的人脉关系网，但它们只有被转换成更深层的关系时才能发挥重要的价值，这种深层关系的建立需要让这些人被你吸引，并跟着你行动。你可能拥有数以千计的初级联系人，但是甄别这些联系人的能量，保持这些联系人的亲密程度会消耗大量的精力，有可能得不偿失。基本上，你不可能拥有各个方面的深层次联系人，有些联系人是专为连接而存在的。你需要有几个这样的连接者，他们就像路由器，既把你需要的信息和人脉关联给你，也把你关联出去。当你一头雾水时，当你面对一个毫无头绪的问题时，能够向哪些专业资源咨询呢？这些资源可以是搜索引擎、专题博客，也可以是个人专家。我们常常需要针对不同类型的问题寻求不同"专家"的帮助。找到这样的连接者，往往能够帮你拓宽思路和视野。人际关系网中一个很重要的结构是，必须在更小、更多样化的不同群体之间搭建起核心联系，跨越层级、组织、职能和地域的界限。人际网存在流动性，它可以随着我们的生活、情感和工作需求的变化而变化。比如一些人在职业生涯早期从事销售工作，后来逐步进入了高级管理层，即便当年最理想的人际网结构，如今也未必能够满足他们的工作要求。而搬家、换工作和读书等人生大事都需要我们去适应、去调整。尽管人际网在不断演进，但仍有一些是不变的，我们生活中永远需要一些人，一些超级连接者。

重磅嘉宾，处于职业生态系统中一个较高的层次。这些专家是拥有特殊的知识和权力，而且能帮助你取得工作和职业生涯成功的人。他们会为你的难题提供专业知识和最佳解决方案，这会让你变得更优秀。尽管这样的团体是需要培养和呵护的，但最好的方法并不是请求帮助，而是提供帮助。你可以在周围的同事圈子里培养这样的团体，也可以将远在天边的朋友组织起来。请尝试把它们列出来。在工作中，我们每时每刻都会遇上棘手的问题，也许自己根本就不知道该怎么办。但是，当你在公司内外拥有足够广泛的专家团时，你几乎能在短时间内找到人和资源用以解答问题。

关键支持者，对你的发展拥有决定性影响力的 5 ～ 10 个人。排在榜首的是你公司的人，比如你的顶头上司，这个角色在各种研究报告中都一直被列为影响职业成功和幸福的头号人物。你上司的上司也是一个至关重要的影响者。在大多数情况下，如果你的顶头上司提议给你加薪或升职，那就需要先得到他的上司的认可。所以，如果你上司的上司觉得你是一个天才（或傻瓜），就会给你的职场路径带来很大的变化。某些同事和下属也可以成为关键支持者中的一员。当你在审视自己的职业生态系统时，应当在目前的组织中找到 10 多个这样的支持者，将他们列出来。诚实地问一下自己，他们是如何看待我的？他们会支持我迈出下一步吗？如果答案是否定的，那么你需要怎么做才能消除误解或赢取更好的人际关系呢？这是在职业生涯中帮忙提建议、拥护你、激励你的导师和帮手。他们通常为数不多，大概不到 5 个人。这些就是你在"职业生涯的天堂"中会遇到的那一类人。对职业生涯而言，支持者就仿佛是推动我们前进的一只隐藏的仁慈之手，他会在背后说你的好话，将你推荐给别人。写出你认为算得上或可能成为你的支持者的名字。如果你想不出来，可以回忆一下是谁推荐你上大学，或者是谁支持你得到了职位及晋升机会。

但是，等一等，这里还有 3 个关键悖论。

你没有利用价值就没有关系，你的利用价值又由能力 × 所处价值网决定。比如我 MBA 时期的同学，某人力外包公司老板，对我毫无价值，我也无意和他保持持久合作关系，甚至不如酒吧认识的一名萨克斯乐手。

高频场景不是构建关系的好场景，那么经常出现的团建是构建可持续关系的场景吗？显然不是……这是具有彼此竞争性质的露水情缘，是一场游戏。

当你拥有足够强大的实力后，持久的关系便并不是必需的。杨绛先生曾言："活得通透的人，没有特别想维持的关系，也没有特别想要的东西，走近的人不抗拒，离开的人不强求，就连吃亏都懒得计较，时间不言不语，却能见证真情，岁月悄无声息，却能看透人心。"

2. 职场三状态

如何积累这 3 种职场资本，至少要做到在如下 3 种状态下不断刷新。同时，普通人要在这 3 种状态下持续积累资产：滚雪球状态、网中央状态、加杠杆状态。是否处于这 3 种状态，你可以问问自己下面的这 4 个问题：我是否正在学习和成长？我是否正在对某些人、现在的公司，乃至整个社会拥有影响力？我体验到乐趣了吗？我是否得到了适当的回报，并创造了价值？

（1）滚雪球状态。

确保职场资产保值增值，前提是你一定在学习并且持续成长。

巴菲特说过：人生就像滚雪球，重要的是发现足够的雪，和一道够长的山坡。如果你所处正确的山坡中，雪球自然会滚起来。找到正确的山坡比随意闲逛更有意义，在某种程度上选择比努力更重要。虽然很难第一次就发现够长的山坡，但是至少要努力去发现。

作为普通人，滚雪球是最优解。所谓普通人一般特指生下来"无依无靠"的那种人，不会有外力的额外加持，比如所谓"富二代""官二代"。同时也不用去刻意搏小概率事件，正因为你是普通人，所以小概率事件可以忽略不计了。减少消

242

耗，好钢用在刀刃上是普通人逃出生天的必经之路。跳来跳去，不停地换工作，其实机会成本都在来回纵跳当中消耗掉了，普通人不会再有爆发式的机会，普通人基本上要依靠厚积薄发。

普通人最需要做到的是要甄别自己是在不断积累，还是在原地踏步。基本上 3 年不升职，就可以考虑寻求变化。3 年能力没有长进，就可以考虑要调整自己的姿态了。可迁移的能力是否有所提升，这是一个重要的标志，当然 3 个资产即使有一个在保持增值，另外两个哪怕原地踏步，也是可以选择的。比如你的人脉关系在不断强化，你的关系越来越优质，影响力越来越大，即使可迁移的能力没有变化，也是可以接受的。

滚雪球状态有一点儿像我们说的"匠人精神"，可能一提到这个词，人们就会想到一个白发老者沉静地坐在工作台前手持工具恭恭敬敬地工作。这恰恰是对匠人的误解。匠人当然包含着踏实认真，但更包含一个人对某种技艺的掌控、理解、再创造。真正的匠人往往很有个性，他跟自己手艺的关系很复杂，一方面尊重规律，另一方面又持续性地在探索前人所未能抵达的地方。匠人精神不是简单地重复，而是在反复锤炼的过程中不断创新。

再进一步而言，普通人在整个职业道路上有所建树，有所突破，拼的就是时间投入和经历沉淀。大家拥有的时间都一样，如果你的经历不够丰富，不够有效沉淀，相对竞争力就会随着时间的推移而下滑，功力的积累和沉淀的质量是职业资本的核心，效果好坏不仅在于一个人投入某个专业领域的时间长度，还在于投入的质量和效率。深邃的思维和通透的行为的形成都是一个艰苦的过程，需要长时间的坚持和迭代，在没有外力推动的情况下，滚雪球是既寂寞又艰苦的。

（2）网中央状态。

巴拉巴西在《巴拉巴西成功定律》中提到，成功有两种范式：一个是绝对能力表现，另一个属于"集体测量"。两者之间的关键区别在于，一个对他所处的网络有价值，而另一个则不然。换句话说，他所处的网络发现他很有用，所以选择去放大他的成功。当绝对能力表现可衡量时，绝对能力驱动成功，但当绝对能力表现无法被衡量时，社会网络驱动成功。

所以在职业生涯中，大家应尽量使自己处在价值网的核心位置，这样有利于职业发展。

①使自己保持在主流行业。

如果在20世纪90年代从事信息技术及房地产开发等高速发展的领域，大概率只要跟上发展的节奏不要掉队就能够取得平均收益的结果。确保自己保持在主流行业，随着时间的推移积累能力的适应面会越来越宽，在行业内部可迁移性的可能性就会比较大，在高速发展的主流行业当中的经验附加值会越来越高，由于整个行业都在向上发展，你所积累的持久关系也会有放大影响力的效应。

②使自己保持在主流企业。

如果 20 世纪 90 年代开始就能够在世界 500 强的 IT 大企业工作，那你大概率有机会在 2000 年后互联网大潮兴起的时候转身到互联网企业，因为二者都是那个时代的领军企业。确保自己战斗在朝阳主流企业是普通人事倍功半的重要选项，因为即使在朝阳主流企业中，也有非主流的企业，作为普通人而言在非一线企业工作，所消耗的时间成本、机会成本就更高一些。你在二三线企业享受不到所谓平台给你的光环，自然你打拼出来的概率就会低，这就相当于你在小球队踢球转会到大球队的难度总是比在大球队之间转会要困难。

③使自己保持在主流位置。

确保自己在主流行业、主流企业的主流位置，更重要的是能够保证你所积累的可迁移能力，应用得更有竞争力、更有杠杆效应，创造的价值更高。因为一般主流的位置都是生产型位置，或者是利润单元，这些都是创造价值的位置，那么你积累的可迁移能力在这个过程当中就能够很直观地创造更大的价值，相应的在主流位置上所积累的经验一定是主流经验，应用场景会比较广阔。由于你在主流位置上所起的作用很大，那么能够跟你发生关系的相应对象也会有相当的实力，你会比较容易去获取和建立这些核心关系。

④使自己发挥关键影响力。

所有关系的构建其实都是源自你自身施加的影响。有的影响轻如鸿毛，有的影响重如泰山，轻和重的影响对于施加者来说，付出其实差不多。在同等付出情况下，你能发挥关键影响力，说明你的价值更趋于核心价值，更能高效积累职场资产。

所以时刻保持在价值网中央，既是手段也是结果。确保自己在网中央，就是保持自己持续发挥主要作用，施加关键影响，尽可能不被边缘化。

（3）加杠杆状态。

巴拉巴西在《巴拉巴西成功定律》这本书中分析了上万名研究人员的职业生涯之后，发现了让人非常震惊的一点：在一个人的整个职业生涯当中，执行力都是很稳定的，变化不会太大。如果了解了成功模型：成功的大小 = 想法的价值 × 想法的执行力，你会很清楚地认识到，如果执行力很难提升，想取得更大的成功，唯一可以改变的就是想法的价值。具体到职场的每一个阶段，就是学会利用杠杆改变支点。

①行业生产力。

金融、高科技等领域的人在 20 多岁的时候就能挣到百万元年薪，而建筑、制造业的人终其一生可能也无法企及。尽管大家的工作强度差不多，但是收入的差距有云泥之别。造成这种现状的原因就是行业不同。其实如果从工作能力来看的话，建筑、制造业等行业从业人员可能还更胜一筹，颇有同工不同酬之感。这里就涉及一种要素，也就是决定市场价值的最重要因素——行业生产力。"行业生产力"换句话说，就是该行业领域内的从业人员平均每人创造价值的大小。如果用我们经常使用的词汇表述的话，就是人均毛利润。而工资期待值，也就是市场价值，受到行业生产力的影响最大。比如你学的是 IT 专业，毕业后在某超市做个 IT 系统管理员，和你在某证券公司做 IT 系统管理员，收入可能会有天壤之别，发展的天花板更无法比拟。因为超市的产值和证券公司的产值差别极大，且超市的 IT 系统对超市运营来说最多只是一个辅助工具，而证券公司的 IT 系统很可能就是该公司的生产环境，所以在职业发展中应该尽可能地给自己加上这样的杠杆去撬动更大的价值。在有发展潜力的市场中，有很多能够与在位大企业进行竞争，且处于快速发展中的成长型企业，如果能够识别并加盟这类企业，预期价值就会比较大，也能够缩短爬坡周期。另外，如何关注突破现有行业低效率，有些企业通过融资或范式革命对于现存的价值分配体系有颠覆作用，在价值重新分配的过程中，有可能创造超额收益。企业只有发现并参与这类机会当中，才有利于获取超额收益。

②分形思维。

分形是用来描述企业经营的术语，表示转变经营方向或经营路线。比如，企业虽然开展了 A 业务，但是业务发展得并不顺利，所以就转型为 B 业务。用在职业上，表示将重心继续放在自己具有优势的领域，然后另外一只脚慢慢移向今后可能会逐渐变强的领域。就好比冲浪运动，波浪一层接一层涌过来，你应当抓住当前波浪的势头，在这一层波浪即将消失的时候，及时将身体转向另一层波浪。这就是能够让你一生受益的最强的方法论。分形是主动选择而不是被逼无奈，也可以理解为某种溢出。这种溢出是付出较小的代价（如时间成本），反而获取了更大的收益（如获得职场第二曲线）。举一个例子，有一位世界500强企业的中层管理者，在给一家上市民营企业做数字化转型咨询的过程中，通过对这家民营企业业务的缜密梳理，进而达到了比客户还了解客户的地步。随着咨询业务的推进，他从一个参谋长变成了操盘手，后来这家企业索性聘请他作为集团CIO（首席信息官）来亲自主导落实工作，最终这家公司成功实现了数字化转型，而这位经理人也实现了身份转型。某种程度有点儿第二曲线的意思，就算是职场第二曲线吧。

3. 通用"大魔形"

这不是错别字，因为没有通用的成功模型，如果有那只能是"魔法"。没有人是处于单一状态积累单一资产的，往往是既滚雪球又加杠杆，既学习可迁移技能又积累经验，同时攒人脉。解构容易重构难，大家基本上在一种混合状态中摸爬滚打，但总体而言这还是一门偏理工类的学问。

最后，我们来解析一个工作了20年的老兵简历，为尊重相关人士，此简历纯属虚构。

候选人：元先生

工作经历：

杭州波导信通股份有限公司　系统部　工程师、部门经理

2004—2011 年（7 年）

工作描述：

1. 作为系统工程师，参与开发的产品及方案：一体化控制系统、安防监控系统、电力线路巡检系统、传感器数据采集系统、地面测绘监测系统、水库电法侦测测控系统等。

2. 作为系统工程部部门经理，负责公司遥感、测绘、监控、导航等应用系统项目，包括控制系统设计、核心软件研发、施工及售后等交钥匙工程。

3. 负责系统工程部市场的战略制定和日常的销售管理工作，作为独立核算单元负责人，直接向公司总经理汇报。

4. 负责应急、水利、电力、安监、航天、航空、兵器、电子研究所、中船等部委、央企行业市场拓展工作。

主要业绩及贡献：

1. 2004 年入职，从系统工程师开始，出色完成产品开发、工程交付任务，被评为年度优秀员工，几度被评为

年度优秀主管。

2. 2006年升职为系统工程部部门经理，负责全部门业务，实现部门业绩增长率超过100%。

3. 2008—2010年，连续3年超额完成年度销售任务，其所在团队获得公司优秀团队奖。

4. 开拓遥感测绘系统在应急、安防、电力、水文地质等行业的应用与发展，成功落地数个成功案例。

5. 在任职期间积累了广泛的行业客户资源，与多家科研院所建立合作。

解析：从大学毕业步入社会开始，元先生就进入了"滚雪球"的阶段，起跑还是很理想的。他先积累了软件开发、工程实施、业务拓展等可迁移技能。这部分硬技能在遥感测绘、空间治理领域内具有较高的应用价值，在这几年的时间里元先生的可迁移技能得到了很大提升。同时，从系统工程师晋升为部门经理，自己的能力圈也得到了拓展，运营管理等软技能得到了锻炼和强化。而且，技术和管理两个方面的有意义经验也有很多积累，与多家科研院所建立广泛合作，说明有效的人脉积累了不少，持久的关系得到了建立。从总体上来看，这7年对元先生来说是高效务实的7年，如果一定要从鸡蛋里挑骨头，唯一可以指摘的就是这段经历是否需要持续7年时间。

亚信安全股份有限公司 网络营销中心 销售总监

2011—2018 年（7 年）

工作描述：

1. 负责全国水利、电力、交通、应急行业的市场拓展和销售团队组建、销售管理工作。

2. 梳理水利、交通、电力行业的销售网络，指导全国各大区的业务模式、销售工作。

3. 负责交通、电力行业系统网络安全防护产品的研发、工程实施及市场开拓。

4. 负责根据客户需求提供产品改进方案，提高公司在数据类产品、控制系统等标准，使之符合交通、电力行业特点。

5. 与各级主管部门建立广泛联系，成功运营部门业务，制订销售计划，指导和培训员工。

主要业绩及贡献：

1. 先后与国电、国网、交投、航天科技集团、航天科工集团等多家国企、央企行业建立商务关系。

2. 成功入围应急部、交通运输部、航空工业集团、航天科技集团、航天科工集团采购名录，建立长期合作机制。

3. 连续数年完成业绩、帮助公司实现多轮融资。

解析：不难看出这是元先生在主动加杠杆。通过跳槽转会到更加核心的企业，担任更有影响力的职务。从一个部门经理成长为一家企业的核心主管，这是职业发展的关键一步，使自己从价值网影响力较低的位置跃升至较为核心的位置，能够发挥更大的影响力，从而接触到更加重要的关系。从普通管理者走上了企业核心管理层，管理能力、构建体系的经验得到跃升式扩展，高价值的持久关系也得到加强。这 7 年看似轻描淡写，但元先生再次提升了自己在价值网的位置，用加杠杆的跳跃提高了自己在行业内的影响力，这是稳步向上并不断积累的 7 年。

华东创投发展有限公司　总经理

2019—2021 年 2 月（3 年）

工作描述：

公司的主要业务是投资、并购、融资、合资运营及产业招商等。

1. 负责地方政府产业基金导入、大客户融资、大型 EPC（设计采购施工）项目融资等业务。

2. 负责银行、证券、能源、产业园区等高端市场拓展合作。

3. 负责公司市场拓展战略规划、销售规划和销售团队日常运营管理工作。

4. 负责产业基地园区管理、企业导入、资金运营等工作。

5. 负责园区企业日常相关运营管理。

解析：这一步仅从简历无法看出实际效果。

看似是元先生再次加了杠杆，职位得到进一步提升，从企业的核心管理者一跃成为企业"一号位"，可谓是又一次质的飞跃。但是因为跨越了不同的价值网，从高科技实业向金融行业、投资行业迈进，造成纵向可迁移能力并没有得到强化。有意义的经验看似获得了很多，但是跨度较大，原有的经验没有得到充分发挥，复利效应没有。原来积累的持久关系缺少进一步地连接，应该有不少关系断了，这一步可能有所损失。与其说是获得经验不如说是获得了体验，不知道获益如何，但是明显成本太高了。当然，从上面寥寥数笔的简历中并不能得出这样的结论，而是从他下一步的发展中能够看出一定的端倪。

中新能源科技有限责任公司　副总经理

2022 年至今

工作描述：

负责华中、大湾区地区电力、氢能、储能市场开发和地热应用项目的施工、验收和运行，以及储能园区投资运营。

其间主要完成了国电南方电网鄂州储能项目的前期设计和投资，交付珠海科创园区国内第一个氢能存贮项目。配合公司勘察大湾区资源分布情况，作为今后公司市场开发应用方向的指导。完成了华中地区氢能应用潜在客户调研分析、开发计划。

解析：看似有纠偏之举，也略有不得已而为之的意思。从金融行业再次回到实体产业，有可能是上家公司加杠杆失败，在止损中选择了新的赛道，有亡羊补牢的目的，当然，这种加杠杆的风险也无可厚非。3 年时间搏一次也不算失败。从金融行业再一次回到具有发展潜力的实体产业，最近 3 年积累可迁移的能力短期内用到的不多，持久的关系也有可能无法继续维持，但是毕竟回到了所谓熟悉的价值网，付出一定代价还是值得的。很大可能是第三份工作造成他离开了过去的"网中央"，过去十几年积累的产业认知和能力不足以支持他在资本领域继续处于新的"网中央"。因此，第三份工作事实上消耗了他大量的职场资本，虽然个人"岗位"的称呼得到提升，但实际的资本确实在亏损。如果抛开时间成本、年龄劣势、损失掉的部分关系，第四份工作看起来确实不错，毕竟重回科技大赛道，元先生的技术积累可以继续派上用场，再把当年的持久关系重新连接起来，他应该有机会重回正轨，再次向一个新的高度迈进。

细思几孔

千人千面千机变，见事见心见江湖，职业生涯兹事体大、变化多端，本书也只能传达一点儿笼统印象和局部情绪，就到这里吧，江湖路远，我们后会有期！